Die Jahre 1967–1968: Keine Leute, keine Leute

Sternstunden des DDR-Humors

1967–1968

Keine Leute, keine Leute

Eulenspiegel

Inhalt

Ralph Wiener: Als die Witze laufen lernten ...   7

1. Kapitel: Keine Leute, keine Leute   9

Ernst Röhl
Das schöne Gefühl, gebraucht zu werden   10

Renate Holland-Moritz
Ein ehrloser Mensch   13

Günter Krone
Die Kader-Idee   15

Rudi Strahl
Keine Leute, keine Leute   17

Alfred Schiffers
Logik am laufenden Band   19

Jochen Petersdorf
Opa war drüben   21

Werner Müller
Der Nebenberuf   23

Hansgeorg Stengel
Gastronomische Ballade   24

2. Kapitel: Alles zum Wohle des Volkes
Humorvolles aus dem Alltag   25

Eberhard Cohrs
Ein bleeder Heini   26

Irmgard Abe
Ponys fallen nicht vom Himmel   28

Achim Fröhlich
Der Trick meines Onkels   31

Jochen Petersdorf
Laufkundschaft   32

John Stave
Fasching – Sache aller   33

Jochen Petersdorf
Balkongespräch   35

Ernst Röhl
Nichts gegen das Automobil   36

Wolf Pelz
Das Teufelszeug   37

Hansjoachim Riegenring
Man muß viel schlucken   39

Hans-Joachim Preil
Tigerjagd   41
Sketch mit Herricht & Preil

3. Kapitel: Lernen, lernen, nochmals lernen
Als wir Schüler und Pioniere waren   45

Ottokar Domma
Warum wir lernen   46

Hansgeorg Stengel
Schulweisheit   48

Peter Gauglitz
Papa, Mama, Kathrin   50

Ulrich Speitel
Frühling auf unserer Klitsche   52

4. Kapitel: Was des Volkes Hände schaffen
Wir Werktätigen in Stadt und Land   55

Renate Holland-Moritz
Onkel Oskar, der Briefbeschwerer   56

Manfred Strahl
Zumutproben   58

Karl Mohr
Freitag der 13.   60

Hansgeorg Stengel
Der Neue   62

Peter Gauglitz
Wegelagerer   63

C. U. Wiesner
Frisör Kleinekorte als Fels in der Brandung   65

Hansgeorg Stengel
Ein Herz und eine Seele   68

5. Kapitel: Heißer Sommer
Von Ostseestrand, Datsche und Jugendclubs ...   69

Johannes Conrad
Der Schauspieler   70

Ottokar Domma
In der Jugendherberge   74

Lothar Kusche
Der erzieherische Aussichtsturm   78

Alfred Schiffers
Völlig unverständlich   80

John Stave
Sonntagsrückfahrkarte   82

Jochen Petersdorf
Arbeitsteilung   83

Rudi Strahl
Zurück zur Natur   84

6. Kapitel: Höher, schneller, weiter
Sportlich sportlich 87

Hansjoachim Riegenring
Das Spiel aus China 88

Ralph Wiener
Egons Städteschau 90

Nils Werner
Tritt dich gesund! 92

Ernst Röhl
Triumph für Vasco Exquisit 94

7. Kapitel: Unter vier Augen
Über Verliebte und Verheiratete 97

Johannes Conrad
Männer denken in Zusammenhängen 98

John Stave
Das Ende einer privaten Eheanbahnung 101

Rolf Pester
Die Scheidungsfeier 106

Hansjoachim Riegenring
**Bélszinszeletek gombávál és hasábburgonyavál
am Abend** 108

8. Kapitel: Wo wir sind, ist vorn
Es geht seinen sozialistischen Gang 109

Lutz Stückrath
Schneewittchen und die sieben Ritter 110

Ulrich Speitel
Kandidatenwerbung 114

Ernst Röhl
Dienst ist Dienst 116

Jochen Petersdorf
Ganz normal 117

Ralph Wiener
Das Wesentliche 118

Hans-Werner Tzschichhold
Massenarbeit 119

Zeittafel 120

Als die Witze laufen lernten ...

das war, um es genau zu sagen, im Jahre 1967. Da nämlich hatten zwei biedere Herren die nicht ganz so biedere Idee, ihre bis dahin lediglich im »Eulenspiegel« erschienenen Glossen in abendfüllenden Kabarettprogrammen entlang der Ostseeküste vorzutragen (wohlgemerkt: nicht als Lesungen, sondern im Rahmen amüsanter, zwangloser Plaudereien). Einer von ihnen hieß Hansgeorg Stengel, und dieser Allroundman – man könnte auch sagen Tausendsassa – hob die Kunst des kühl berechnenden Improvisierens à la Werner Finck auf ein bis heute unerreichtes Niveau. Das gilt bereits für die Art, wie er den anderen biederen Herrn zehn Jahre zuvor in der Eulenspiegelredaktion begrüßt hatte: »Also Sie sind Herr Wiener. Ich habe Sie mir älter vorgestellt.« Stolz blickte ich ihn an. »Kommen Ihnen meine Geschichten so gereift vor?« – »Nein, so altmodisch.« Zugegeben, man mußte mit diesem Herrn erst warm werden. Die Vorstellung von Lothar Kusche und mir leitete er mit folgenden Worten ein: »Darf ich die Herren miteinander bekanntmachen? Das ist Lothar Kusche – der schreibt bei Tucholsky ab, und das ist Ralph Wiener – der ist noch bei Roda Roda!« Meine Besuche in der Redaktion kommentierte er auf besondere Weise: »Da war heute so ein schöner Tag, die Sonne schien, die Vögel sangen, ein warmer Wind wehte – kommt Wiener!« Auch als er mich einmal in Eisleben besuchte, konnte er seinen Spott nicht unterdrücken. Er hätte mich auf Anhieb gefunden, sagte er. »Ich habe nur darauf geachtet, an welchem Haus in der gesamten Straße keine Lampe brennt – das mußte bei Wiener sein.« Genug der Beispiele. Es bleibt die Erinnerung an einen Mann, durch dessen tatkräftigen Einsatz die »Eulenspiegeleien« auf die Theater-, Kulturhaus- und Kleinkunstbühnen zwischen Kap Arkona und Fichtelberg kamen und ein begeistertes Publikum fanden. Und so wünsche ich auch Ihnen, liebe Leser, daß die hier versammelten Geschichten, Sketche und Gedichte aus dieser Zeit erneut Anlaß geben zum Schmunzeln und Lachen.

Ihr Ralph Wiener

„Keine Leute – keine Leute!"

1. Kapitel

Keine Leute,
keine Leute

Bekanntlich hatte die DDR zeit ihrer Existenz mit wirt-
schaftlichen Problemen zu kämpfen. Die rührten von allem
Möglichen, angefangen bei der schlechten **Ausgangslange**
am Kriegsende mit rund 50 Prozent zerstörter Industrie-
anlagen über die **Reparationszahlungen**, die sie für den
Westen gleich mit leistete, über **Rohstoffmangel** und
fehlende Devisen bis hin zu **Fehlplanungen** und dispro-
portionalen Entwicklungen. Durchgängig aber gab es das
Arbeitskräfteproblem. Der Volksmund witzelte: keine Leute,
keine Leute. Das galt nicht nur für die Zeit der massenhaf-
ten Abwanderung vor allem **qualifizierter Kräfte** in den
Westen – bis zum Mauerbau 2,7 Millionen. Zweifellos
nahm die zentral verwaltete Wirtschaft mehr Arbeitskräfte
auf, als Rentabilitätsrechnungen zugelassen hätten. Kaum
ein Betriebstor, an dem nicht angeschlagen war: »Wir suchen aus der nicht berufstätigen Bevölkerung ...« Stellen-
anzeigen lasen sich so: »Die Deutsche Reichsbahn stellt
ein: gelernte und ungelernte Arbeitskräfte« oder »Werdet
Matrosen unserer Handelsflotte – ehrenvoller Klassenauf-
trag«. Das **Recht auf Arbeit** stand in der Verfassung. In
einem solchen Land können Geschichten schon mal so
beginnen: »Als die Sekretärin uns verließ, weil wir ihr den
Kaffee zu dünn gekocht hatten, waren wir in arger Not.«

Ernst Röhl

Das schöne Gefühl, gebraucht zu werden

Drei, vier Wochen vor Silvester wird's immer leicht hektisch in unserer Bude. Vergangenes Jahr war urplötzlich die Planerfüllung in Gefahr, darum schickten sie uns ein paar Kollegen aus der Verwaltung zu Hilfe. Wir schafften den Plan dann doch noch.

Trotz der erschwerten Bedingungen. Und keiner dieser Kollegen versuchte, bei uns in der Produktion unterzuschlüpfen. Nicht einer mißbrauchte seine Chance. Alle verschwanden sie wieder in ihre Büros.

Je mehr die Produktion leistet, desto mehr muß die Statistik schindern.

Dieses Jahr – ein ganz anderes Bild. Unser Werkleiter hat dem Generaldirektor die hundertprozentige Planerfüllung längst gemeldet; der General will's aber ein bißchen genauer wissen. Ein erfüllter Plan ist bekanntlich erst dann ein erfüllter Plan, wenn er statistisch aufgearbeitet ist. Und genau dies ist die Stelle, wo in der Verwaltung die Säge klemmt.

Sie schickten also ganz einfach ein paar Kollegen aus der Produktion zu Hilfe. Und da ich beim Skat immer schreiben muß, weil ich so flott rechnen kann, pickt mein Meister auch mich als sozialistischen Helfer raus.

Ich soll mich Punkt sieben in Zimmer 215 melden. Na ja, direkt begeistert werden sie nicht sein, wenn da so 'n Typ aus der Werkhalle aufkreuzt. Klar! Je mehr die Produktion leistet, desto mehr muß die Statistik schindern. Aber die Tür von Zimmer 215 ist zu. Noch keiner da. In Büros kommt man, sogar wenn man sich verspätet, immer noch zu früh.

Nach einer Viertelstunde erscheinen zwei nette junge Damen.
»Was sind Sie denn für einer?« fragt die eine.
»Dreher«, sag ich.
»Ach, Sie sind vom Film!« ruft die andere begeistert.
»Ich bin Revolverdreher«, sag ich.
»Ach so«, sagt sie enttäuscht. »Ich wußte gar nicht, daß unser Betrieb auch Waffen herstellt.«
Ich sage, daß ich ihnen zur Hand gehen soll. Sie weisen mir einen verwaisten Schreibtisch zu und lassen mich gleich den Kaffee mahlen. Eine andere Arbeit haben sie nicht für mich; denn sie sind bloß Sekretärinnen. Aber wenn Lauermann

kommt! Dann geht's gleich los! Wir trinken also Kaffee, und
ich zieh mein Skatblatt aus der Tasche, das mir schon über allerhand Ausfallstunden hinweggeholfen hat. Aber Skat können sie alle beide nicht. Bloß Rommé. Aber Rommé wollen sie
nicht. Kartenspielen im Dienst ist bei ihnen verpönt.
Außerdem muß die eine um halb zehn zum Frisör, die andere
um halb elf zur Kosmetik, und eingekauft haben sie auch noch
nicht. Sie freuen sich herzlich, daß ich da bin. So ist doch wenigstens überhaupt einer da,
wenn sie nicht da sind. Auf
diese Art sorgen sie sich ums
große Ganze.
Ihre Sorge ist unbegründet.
Um Viertel zehn kommt Lauermann. Er kommt mit kämp-
ferischem Schwung von der
Gewerkschaftssitzung, wo
scharf unterstrichen worden
ist, daß der Vorsprung des
Produktionsbereiches in kürzester Frist aufgeholt werden
muß. Lauermann ist über

Wettbewerb

meine Person im Bilde, bedauert aber, daß er mich nicht ein-
setzen kann. Dazu ist er nicht befugt. Das darf nur der Abteilungsleiter, und der weilt noch auf einer Direktionssitzung, wo
nach Lauermanns Ansicht ein weiteres Mal scharf unterstrichen wird, daß der Verwaltungsbereich die Produktion nicht
nur ein-, sondern überholen muß.
Die Zeit vergeht. Lauermann raschelt leidenschaftlich mit den
Unterlagen. Die Sekretärinnen verschwinden, eine nach der
anderen. Lauermann stapelt einen halben Zentner Papier – von
der rechten auf die linke Schreibtischseite. Dann überlegt er
sich's anders und schichtet das ganze retour. Die beiden Sekretärinnen kommen wieder, frisch onduliert die eine, die andere
in appetitanregender Kriegsbemalung. Es ist Punkt zwölf, und
sie bleiben bis Punkt halb eins. Die Mittagspause halten sie
peinlich genau ein, erst dann gehen sie einkaufen.
Sie geben dem Abteilungsleiter die Klinke in die Hand. Der begrüßt mich überschwenglich in meiner Eigenschaft als Arbeiter. »Aber täusch dich nicht, Erwin«, sagt er. »Hier bei uns wird
auch hart gearbeitet. Allerdings geht durch die Arbeit immer
noch viel Zeit verloren, die wir für Versammlungen gut brau-

chen könnten.« Er läßt mich gleich den halben Zentner Papier von Lauermanns auf meinen Schreibtisch umschichten. Es handelt sich um die Materialentnahmescheine des laufenden Jahres. Die müssen dringend aufgearbeitet werden, und zwar für die Ermittlung der Materialverbrauchsnormen. Mit Material kenn ich mich aus, darum geht mir die Arbeit flott von der Hand. Ich merke kaum, daß Lauermann nach Hause gehen darf, um ein Nickerchen zu machen – für die Nacht ist nämlich was angesagt: Kampfgruppenalarm ohne Vorankündigung. Die Sekretärinnen kommen. Und gehen. Übrigens zehn Minuten zu früh. Schließlich bin ich fertig. Ich habe das Material nicht nur aufbereitet, nein, ich habe gleich die Norm für das laufende, demnächst zu Ende gehende Jahr errechnet. Nach einer einleuchtenden Formel: Was wir an Material verbraucht haben, und zwar für alles Mögliche, ist gleich hundert Prozent. Der Abteilungsleiter ist mit mir zufrieden. Erstens, weil die Norm so prima stimmt, und zweitens, weil ich maßvoll geblieben bin. Ich hätte ja

»Warte, ich komme, muß nur noch unsere Stunden eintragen!«

auch ermitteln können, daß wir unsern Materialverbrauch um die Hälfte gesenkt haben, so daß er nur knapp fünfzig Prozent der Norm entspricht! Das hätte allemal für die Entfaltung einer Initiative ausgereicht, gegen die Initiativen wie »Weniger arbeiten mehr« oder »Mehr arbeiten weniger« gewaltig abstinken würden. Allerdings wär's aufgefallen! Warum? Weil es in der Praxis nicht vorkommt!
Mein Abteilungsleiter fragt mich prompt, ob ich nicht bei ihm anfangen will. Eine Planstelle, sagt er, wird er schon rausschinden. Das, sagt er, hat er noch jedesmal geschafft. – Mal überschlafen die Sache! Aber warum soll ich eigentlich dem Ruf der Verwaltung nicht Folge leisten? Erstens ist es der Trend und zweitens ... Also, wenn man wo gebraucht wird, Kollegen, hat man eigentlich gar keine Wahl!

Renate Holland-Moritz

Ein ehrloser Mensch

Es muß wirklich mal gesagt werden: Dieser Neue ist ein Stachel im Fleisch unseres Kollektivs. Hätten wir den bloß nicht genommen! Aber was blieb uns übrig, mit drei Kellnern kommt eine exklusive Bar wie unsere einfach nicht aus.

Also, der Kerl hat gerade die Fachschule mit Glanz und Gloria absolviert, sieht gut aus und hat gesunde Füße. Alles noch kein Beinbruch. Aber schon sein Name hätte uns stutzig machen sollen. Jochen Flitzer – ist das vielleicht ein Name für einen Kellner? Das klingt ja schon wie Verächtlichmachung; aber gut, wir sehen drüber weg. Im Gegenteil, wir sind nett, kollegial, alles, und Gisela, unsere Barfrau, macht dem Affen noch schöne Augen. Jetzt möchte sie ihm seine am liebsten auskratzen. Heute in der Gewerkschaftsversammlung ist er dran. Wurde auch Zeit. »Also, Kollegen«, sagt unser Küchenleiter Franz, der den BGL-Vorsitzenden macht, »also, wir müssen uns über die weitere Entwicklung des Kollegen Flitzer einig werden. So geht's jedenfalls nicht weiter. Der Mensch bringt unser ganzes Lokal auf den Hund: Erst gestern macht er mir einen Riesenzoff, weil der Geflügelsalat seiner Ansicht nach ein Apfelsalat sei. Ich frage euch, wo kämen wir denn hin, wenn wir pfundweise Hühnerfleisch verarbeiten wollten? Es ist ja nicht meine Schuld, daß die Leute unbedingt in einer Nachtbar essen müssen. Sollen sie sich doch Stullen mitbringen.«

»Was der Kollege Franz sagt, möchte ich unterstreichen«, ruft Erna, die Beiköchin, dazwischen. »Mich ödet das Gemecker von diesem Flitzer über den Räucheraal langsam an. Ihr wißt genau, daß es selten welchen gibt und wie scharf mein Alter auf Räucheraal ist. Ich meine, ein bißchen menschliches Verständnis unter Kollegen kann man schon erwarten, oder?«

Die Erna hat recht, klar. Aber was kann man von so einem Versager wie dem Flitzer schon anderes erwarten? Neulich, es war kurz vor Feierabend, also gegen vier, bestellen ein paar angetüterte Provinzonkels drei Scotch. Es ist wohl zu verstehen, daß der Barkeeper Melde-Whisky eingießt. Da kommt dieser Lump auch schon angeflitzt und verlangt, daß die Bestellung korrekt ausgeführt wird. Wie hoch der Verlust für den Keeper war, könnt ihr euch selbst ausrechnen. Ich meine, da hört doch irgendwie der Spaß auf!

Im Märchenland erscheinen zu einer Volkszählung drei kleine Männchen.
»Wer seid ihr?«
»Die sieben Zwerge.«
»Ihr seid doch aber nur drei?«
»Nunja, wir kommen aus der DDR. Keine Leute, keine Leute!«
Am Abend finden sich plötzlich vierzehn Zwerge ein.
»Was ist denn nun los?«
»Wir sind die Feierabendbrigade.«

»Richtig«, sagt Gerhard, der Oberkellner, »ich bin dir dankbar, daß du dieses Thema anschneidest. Der Fall ist nämlich nicht nur einmal, sondern schon des öfteren vorgekommen. Könnt ihr euch noch an die Nacht besinnen, wo ich der Dame in dem verschnittenen Brokatkleid den Kokeltaler serviert habe? Gut, sie wollte Blaustengler, aber daß die kein Weinkenner war, hätte selbst ein blinder Kellner mit den Hühneraugen gesehen. Aber nein, der liebe Kollege Flitzer erklärt vor der Dame, ich müßte mich wohl vergriffen haben, so was könnte schon mal vorkommen, und ich würde die Karaffe sofort umtauschen. Ich kann euch versichern, in dieser Nacht habe ich ernsthaft überlegt, ob ich nicht lieber kündigen soll.«

Entsetzen und Zustimmung spiegeln sich auf den Gesichtern der anderen. Gisela, unsere Barfrau, fängt sogar an zu heulen. »Wenn der Kerl nicht fliegt, gehe ich. Ich habe das nämlich nicht nötig, mir jeden Cinzano nachmessen zu lassen. Schließlich hat man auch seinen Stolz.«

»Nun reg dich nicht auf«, sagt Franz, der BGL-Vorsitzende, »wenn du gehst, gehen wir alle. Und das dürfte wohl nicht im Sinne der Direktion sein. Also schlage ich vor, daß wir uns vom Kollegen Flitzer trennen. Wer ist dafür? Einstimmig angenommen – ich danke euch, Kollegen!«

Obwohl alles, was hier steht, die lautere Wahrheit ist, hat sich unsere Gewerkschaftsversammlung doch ein bißchen anders zugetragen. Nachdem unser Küchenleiter Franz, der den BGL-Vorsitzenden macht, über die weitere Verbesserung der gastronomischen Betreuung gesprochen hatte, sagte er: »Nun, liebe Kollegen, möchte ich ein Wort zur Entwicklung unseres jungen Kollegen Flitzer sagen. Wie wir in den wenigen Wochen seiner Anwesenheit feststellen konnten, ist er ein besonders fleißiger, ehrlicher und pflichtbewußter Kellner, der es auf Grund seiner vielfältigen Talente, wozu auch Fremdsprachen gehören, auf dem Gebiet der internationalen Gastronomie noch weit bringen kann. Deshalb schlage ich in Anerkennung seiner hervorragenden Leistungen vor, ihn der Direktion für die Arbeit in einem der uns befreundeten sozialistischen Länder zu empfehlen. Ich bin überzeugt davon, daß er sich dieser Ehre würdig erweisen wird.«

»Sie frieren? Kommen Sie ins Kurhaus. Wir brauchen dringend 'ne Kalte Mamsell.«

Günter Krone

Die Kader-Idee

Als die Sekretärin uns verließ, weil wir ihr den Kaffee zu dünn gekocht hatten, waren Robert und ich in arger Not. Denn die Post stapelte sich zu Halden. Wir hatten die junge Dame vor Jahren gegen drei Diplomingenieure eingetauscht. Das waren noch Zeiten. Heute hätten wir für fünf Professoren keine Schreibkraft mehr bekommen. In unserem Jammer wandten wir uns an den Kaderleiter. Aber Kollege Maser sagte uns sehr klar, daß die Beschaffung von Arbeitskräften Sache der Abteilung selber sei. Er sei nur für die Überprüfung und Ablehnung von Mitarbeitern zuständig.

Verzweifelt schrieben wir nunmehr auf alle möglichen Annoncen. Vergeblich. Wir klapperten sämtliche Schulen ab. Umsonst. Wir lauerten vor fremden Betrieben. Erfolglos. Zwischendurch meinte der Kaderleiter, es werfe ein ungünstiges Leitungslicht auf uns, wenn wir nicht bald eine neue Mitarbeiterin hätten.

Die unerledigte Post türmte sich zu solchen Bergen, daß wir die Möbel auf den Korridor räumen mußten. Zu allem entschlossen, nahmen Robert und ich größere Darlehen bei der Kasse für gegenseitige Hilfe auf. So mit Geld versehen, spürten wir in Nachtbars nach einer Sekretärin.

»Na schön, dann zieh ich die Kündigung noch einmal zurück!«

Damit begann eine Reihe bewegter Nächte. Wir entdeckten Buchhalterinnen, Krankenschwestern, eine Meteorologin und sogar eine Staatsanwältin, aber keine Sekretärin. Nachdem Robert einmal eine Zootechnikerin hatte nach Hause bringen müssen, wollte er aufgeben. Obwohl ich selbst durch den Umgang mit einer Hundezüchterin überdurchschnittlich angegriffen war, gelang es mir, ihn wieder umzustimmen. Es nützte nichts, mit den alleinstehenden Damen kamen wir nicht weiter. Wir mußten die Damen einbeziehen in unsere Arbeit, die in männlicher Begleitung aufkreuzten. Das nahm uns sehr in Anspruch. Am ersten Abend erhielten wir Lokalverweis, am zweiten wollte einer Robert verhauen, am dritten wurde ich verdächtigt, der Vater eines Kindes zu sein, das Alfred hieß und sechs Monate alt war. Ich hätte die Vaterschaft ohne weiteres anerkannt, doch die Mutter war Sachbearbeiterin bei der Stadtreinigung und damit für uns wertlos. Wochenlang erlitten wir Unbill im Übermaß. Tagsüber ging es uns schlecht, weil uns eine Sekretärin fehlte, und nachts hatten wir Ärger, weil wir eine suchten. Als der Kaderleiter davon Wind bekam, daß wir die Nächte in Bars verbrachten, ermahnte er uns, lieber eine Sekretärin zu suchen, statt uns in Kneipen herumzutreiben. Endlich stießen wir nach zwanzig mühevollen Nächten auf ein Paar, von dem Robert die Dame kannte. Sie hieß Ingeborg und war tatsächlich Stenotypistin. Zum Mißvergnügen des Herrn nahmen wir lärmend am Tisch Platz, bestellten Wein und sprachen von den hohen Prämien, die unser Betrieb angeblich zahlte. Robert tanzte mit Ingeborg. Der Herr knirschte mit den Zähnen. Ich tanzte mit Ingeborg und versprach ihr die Ehe – mit Robert. Gegen Mitternacht wurde sie weich. Plötzlich vermißte ich meine Brieftasche. Robert zog sie dem Herrn aus der Jackentasche, wo er sie vorher selber hingesteckt hatte. Robert hielt mich davon zurück, die Polizei zu rufen. Ingeborg distanzierte sich vom Verhalten ihres Begleiters, der nun wohl oder übel verschwinden mußte.

Früh gegen vier schlossen wir mit Ingeborg auf der Rückseite der Getränkekarte den Arbeitsvertrag. Diese unübliche Urkunde erweckte den Verdacht des Kaderleiters. Sogleich, nachdem Ingeborg ihre Arbeit aufgenommen hatte, bestellte er sie zum Kadergespräch. Sie hielt dicht. Wir dankten ihr mit vorzüglicher Hochachtung. An Tagen, an denen sie fror, bereiteten wir ihr ein Fußbad. Und wenn einer von uns husten mußte, ging er auf den Hof. Die Sache machte sich. Robert und ich, wir erholten uns von den Strapazen der Kaderarbeit. Die Rückstände nahmen ab, so daß wir die Möbel wieder einräumen konnten. Nur der argwöhnisch bleibende Kaderleiter bestellte Ingeborg immer mal wieder zur Aussprache. Aber das machten wir wett. Ingeborg erhielt täglich Pralinen und Blumen. Zweimal wöchentlich schenkten wir ihr Strümpfe. Und abwechselnd gingen Robert und ich für sie einkaufen.

Reden wir nicht von Dankbarkeit. Nach wenigen Wochen eröffnete sie uns, daß sie weggehen werde. Statt einer Begründung verwies sie uns an den Kaderleiter. Mordlustig zogen wir zu ihm. »Kollegen«, sprach der Kaderleiter Moser, »die Kollegin Ingeborg will heiraten, und ihr zukünftiger Mann hält es für richtiger, wenn sie in einem anderen Betrieb arbeitet.«

Wir tobten. »Dieses Rindvieh«, brüllte ich. »Dieser Armleuchter!« schrie Robert. Der Kaderleiter unterbrach unseren Wutausbruch. »Kollegen«, sagte er, »ich bitte um Disziplin. Es ist schließlich richtig, daß die Frau eines Kaderleiters nicht im Betrieb des Mannes arbeitet.«

Warum werden in der Schuhfabrik »Rotes Banner« die Absätze jetzt an der Schuhspitze angenagelt? Damit auch der letzte spürt, daß es aufwärts geht.

Rudi Strahl

Keine Leute, keine Leute

Als der liebe Gott, ergrimmt, den
ersten Sündenfall erkannte
und den Adam und die Eva
aus dem Paradies verbannte,
stand er da wie mancher allzu
strenge Kaderleiter heute:
die Moral gerettet, aber
keine Leute, keine Leute!

Voll Verzweiflung sah Augustus
nach der Schlacht auf Varus nieder.
»Varus, Varus«, rief er, »gib mir
meine Legionen wieder!«
Diesen Ausspruch kennt man, doch was
sagte Varus, der Verbleute?
Nichts. Er stürzte stumm ins Schwert sich.
Keine Leute, keine Leute.

Kurz, Legende wie Historie
lassen gleichermaßen ahnen:
Wo's am Personale mangelt,
scheint sich Tragik anzubahnen!
Und so stellt sich bang die Frage,
was nun uns für Unheil dräute,
denn verblich auch manche Losung –
diese blieb uns: keine Leute.

Kein Problem, das hierzulande
ähnlich schreckensvoll grassierte
und tagtäglich allerorten
Katastrophen provozierte.
Gäb es in Berlin zum Beispiel
nicht noch manche Sachsen heute,
müßten selbst Behörden schließen –
keine Leute, keine Leute!

Auch die Handwerksmeister klagen –
beispielsweise Klempner Klatte,

*»Eine Kantine auf der Baustelle
wäre zwar etwas praktischer ...«*

der von schwerersparten Groschen
ein Palais erworben hatte.
Doch es scheint, als ob der Ärmste
seinen Schloßkauf längst bereute –
meinen Sie, er kriegt 'nen Butler?
Keine Leute, keine Leute!

Kommt kein Kellner im Lokale,
läßt der Kohlenmann uns hängen,
mag uns der verdammte Zustand
manchmal zur Verzweiflung drängen.
Doch aus Not erwächst auch Tugend –
und vergebens sucht man heute
nachts in Bars nach leichten Mädchen –
keine Leute, keine Leute!

Auch die Kriminalität wird
hierzulande immer schwächer,
und aus Männermangel senkt sich
selbst die Zahl der Ehebrecher.
Nirgends sieht man einen Gammler,
der des Nichtstuns sich erfreute;
notfalls wird er Spitzensportler –
keine Leute, keine Leute!

Wenn wir diesen Zustand also
dialektisch integrieren,
kann uns in der nächsten Zukunft
allzu Schlimmes kaum passieren.
Nur – verzichte dennoch, Liebste,
auf den Griff zur Pille heute –
solln denn auch die Enkel jammern:
Keine Leute, keine Leute!?

Alfred Schiffers

Logik am laufenden Band

Unser Betrieb ist ein Betrieb mit Initiative. Ich möchte dieses an einem Beispiel, nämlich an dem Beispiel unserer allseitig beliebten Kollegin Zobel demonstrieren. Unsere Kollegin Rita Zobel ist nicht nur im blühendsten Alter von knapp einunddreißig, sondern darüber hinaus eine Brigadierin, wie sie im Buche steht. Mit diesem Buche meine ich das Brigadebuch, welches von ihr eigenhändig geführt und von der Werkleitung mit großem Interesse verfolgt wird. Zum Beispiel bei der Anwesenheit von Delegationen etcetera legt unser Werkleiter immer besonderen Wert darauf, daß dieselben in Ritas Buch lesen, damit sie einen guten Eindruck mit auf den Heimweg nehmen. Aus diesem Buche geht vieles hervor. Unter Punkt eins geht hervor, daß die Brigade fachlich gut arbeitet. Unter Punkt zwei geht hervor, daß die Brigade schon des öfteren Auszeichnungen und Prämien erhalten hat. Unter Punkt drei geht aber hervor, daß auch die Kultur nicht zu kurz kommt, indem sie gepflegt wird. So verrät das Buch, daß es sich um ein gutes Kollektiv handelt, welches auf die Kollegin Zobel stolz sein darf. Sie ist eine Initiatorin.

Aber plötzlich kam das große Aber auf uns zu, und zwar in Form eines Unheils. Es flatterte ein Antrag der Brigademitglieder auf den schönen Schreibtisch unseres Werkleiters, in welchem die Brigade einstimmig vorschlug, die Kollegin Rita Zobel zur Meisterin zu qualifizieren. Das war ein schöner Schock für einige Kollegen, und sie steckten unverzüglich die Köpfe zusammen. Aber die Initiative wurde noch heftiger ergriffen, als sich sogar die Werkleitung ganz offiziell mit diesem Antrag befaßte. Und wie sagte doch auf dieser Sitzung einer unserer schockiertesten Meister? Er sagte: Wenn sich die Rita, wo ja im Grunde tatsächlich eine sehr feine Kraft des Betriebes darstellt, qualifiziert, gibt das Endresultat sehr zu denken. Nämlich: eine qualifizierte Kollegin beansprucht schließlich auch einen qualifizierteren Arbeitsplatz. Aber: Alle Meisterstellen, bis auf zwei, sind ja schon besetzt. Diese aber sind nichts für eine Frau, weil diese Stellen Planstellen sind und bereits seit fünfzehn Jahren traditionsmäßig von Männern blockiert waren. Und ein anderer Meister sagte dieses: Wenn sich die Rita, wo ja im Grunde tatsächlich eine sehr feine Kraft ist, qualifiziert,

Im Staatsratsgebäude soll eine Toilettenfrau eingestellt werden. Zwei Bewerberinnen melden sich. Die erste geht ins Büro. Man zeigt ihr ein Dreieck. »Was bedeutet dieses Zeichen?« – »Das heißt: Männer.« – »Richtig. Und das?« Man zeigt einen Kreis. »Das heißt Frauen.« – »Sehr gut. Und wenn eines Tages Genosse Ulbricht zu Ihnen kommt, was machen Sie dann?« – »Ich sage: Guten Tag, Genosse Staatsratsvorsitzender!« – »Hervorragend. Das genügt uns. Nun schicken Sie uns bitte die andere Bewerberin herein.« Als die Frau herauskommt, fragt die andere: »Na, wie war es denn?« – »Ach, ganz einfach: Zwei Fachfragen, eine Marxismus-Leninismus.«

macht dieses Beispiel unter Umständen Schule, und es kämen gegebenenfalls noch mehr Frauen auf den Gedanken, höherrutschen zu wollen. Damit aber, so argumentierte der Kollege Meister weiter, entblößen sich einige Stellen, wie zum Beispiel sich die Brigade Rita Zobel ja auch ihrer leitenden Persönlichkeit als Brigadierin entblößen will.

In diesem historischen Augenblick faßte unser Werkleiter alles zusammen und sprach zahlreichen Meistern aus ihrem wunden Herzen, indem er eine Entscheidung fällte. Er sagte sehr wahr, daß die Kollegin Zobel für eine Qualifizierung überhaupt unabkömmlich ist. Gerade sie, die als Frau täglich ihren Mann steht, dürfe nicht überbeansprucht werden, und sie solle mal schön bleiben, was sie nun schon seit zwölf Jahren ist.

»Verteufelte Ähnlichkeit mit unseren Produktionsabläufen!«

Aber, so sagte unser schlauer Werkleiter noch: Weil die Rita eine so strebsame Kollegin ist, welche ja durch ihren Wunsch, Meisterin zu werden, gezeigt hat, daß sie der Gesellschaft noch mehr als bisher geben wolle, soll sie belohnt werden. Darum schlug der Werkleiter vor, daß Rita Zobel ab sofort ehrenamtliche Kassiererin für die Gewerkschaft, Kulturobmann und außerdem auch noch verantwortlich für die Beschaffung von Theater-, Kino- und sonstigen Karten werden sollte.

Damit hatte unser Betrieb Ritas Arbeit eine Krone aufgesetzt. Außerdem sollte Rita in eine Kommission gewählt werden, die eine Analyse über die Besetzung der beiden freien Meisterstellen zu erarbeiten habe. Und wenn unsere brave Kollegin Zobel ihre ehrenamtlichen Funktionen ernst nimmt, ist sie sowieso nicht mehr in der Lage, auch noch ihren Meister zu machen.

Jochen Petersdorf

Opa war drüben

Wissen Sie, was Fakt ist?

Fakt is, ich war drüben.

Und hier in dem Spee-Karton sind meine Hemden drinne und meine Unterwäsche. So bin ich schon rübergefahren.

Ich hätte natürlich ooch mein' Lederkoffer oder mein' Reiselord nehmen können.

Aber als ich gesehn habe, wie die immer hier bei uns ankomm', da habe ich mir gedacht: Nee, mit'n normalen Koffer kannste nich fahrn. Wenn de nich gleich als Ostopa auffalln willst, mußte mit'n Pappkarton kommen. Pappe ist poppig. Deshalb hab ich zu Spee gegriffen.

Hat anfangs auch ganz gut geklappt. Denn als ich in München aus'm Zug stieg, schlug mir son riesiger bayrischer Holzhakker die Pranke aufs Kreuz und schrie: »Ja, grüß di Gott, alter Speezi!« Doch als er dann meinen Dialekt hörte, hat er mich als Saupreuß beschimpft und wollte mir 'ne Watschen geben. Also, das ist mir als Sachse hier noch nich passiert. Das ist Fakt. Zum Glück kam dann mein Neffe und hat mich rausgehaun.

Mein Neffe ist zwar nicht besonders kräftig, aber er hat sich gefreut, daß er ein bissel was zu tun hatte.

Es war nämlich gerade Streik! Deswegen gab's auch gleich Streit. Zwischen meinem Neffen und mir.

Er sagt nämlich: »Warum streikt'n ihr nicht? Bei uns streiken die Angestellten, in England die Bergarbeiter, in Frankreich die Eisenbahner, in Italien die Automobilbauer und so weiter. Bloß bei euch tut sich nix. Woran liegt'n das?«

»Ich weiß auch nicht«, sage ich. »Vielleicht liegt's am System. Bei uns fehlen die Leute.«

»Na, Mensch«, sagt er, »ihr habt doch auch Arbeiter. Warum unternehmen die nichts?«

»Weil die Unternehmer fehlen. Irgendwas fehlt immer.« Da hat er mich ganz mitleidig anguckt und gesagt: »Ich glaube, du kommst aus 'ner ganz andern Welt.« Ich hab nicht widersprochen.

Da hat er sich gefreut und gab mir zehn Mark. Für die Straßenbahn. Ich sage, »Robert«, sag ich. »Für die paar Tage brauch ich doch keine Monatskarte!«

> Verkehrsdurchsage auf Radio DDR: Vollsperrung der Autobahn Berliner Ring in Richtung Hermsdorfer Kreuz, Abfahrt Dessau-Süd und Dessau-Ost wegen eines umgestürzten, mit Südfrüchten beladenen LKW. Sie erreichen die Unglücksstelle am besten über die Fernverkehrsstraßen ...«

War er schon wieder sauer.

»Du wirst doch wenigstens zweimal quer durch die Stadt fahrn!« sagt er. »Oder willste dir überhaupt nichts ansehen?«

»Doch, doch«, hab ich gesagt.

»Na siehste«, sagt er. »Übrigens, kannste Karate oder wenigstens Judo?«

»Nee«, sage ich.

»Also. Dann kommste immer schön nach Hause, bevor's dunkel wird. Klar?«

»Ich wollte ja eigentlich abends mal ins Kino gehen«, sage ich.

»Das ist Quatsch«, meint er. »Für die Pornofilme biste schon zu alt, und die Horrorfilme sind mehr für die Jugend. Übrigens, du schläfst bei Tante Gusti. Bei uns geht's nich. Wir haben nämlich gerade die Handwerker. Ich laß die Ölheizung rausreißen und stelle auf Kohle um. Das ist meine Rache an den Ölscheichen. Die könn' mich mit ihren Preisen nich in die Knie zwingen.«

Da sag ich: »Die Preise machen aber eigentlich ganz andere. Schon mal was gehört von Shell oder Texaco und so?«

Ich kann nämlich im Zug nicht schlafen, und da habe ich während der Fahrt dreimal von vorne bis hinten das ND gelesen.

Ich hätte noch ganz andere Korken draufgehabt. Den ganzen Krisencharakter hätt ich ihm hinblättern können.

Mein Neffe war ganz blaß. Er sagt: »Opa, was ist bloß aus dir geworden! Ich kenn dich nicht wieder.«

Ich sage: »Ja, ich weiß ooch nich. Es muß am System liegen. Aber laß uns aufhörn mit der Politik. Ich soll dich übrigens grüßen von Onkel Richard.«

»Onkel Richard«, schreit er. »Was macht'n die alte Flasche? Der muß doch auch bald Rentner sein.«

»Quatsch«, sage ich. »Der ist immer noch munter auf'm Bau. Der ist übrigens ausgezeichnet worden. Hat Banner der Arbeit gekriegt.«

»Banner der Arbeit?« sagt da mein Neffe. »Was is'n das? Ick kenne bloß Banner gegen Körpergeruch.«

»Das liegt am System«, sage ich, hab mich rumgedreht und bin mit'm nächsten Zug nach Hause gefahren.

Ich dachte mir: Wenn du hier noch weiter agitierst, denken die, ich bin vom ZK geschickt als Unterwanderer. Außerdem hat Lenin mal gesagt: Man kann die Revolution nicht exportieren. Und an solche Weisungen muß man sich halten. Ooch als Rentner.

Lenin hat gesagt: Man kann die Revolution nicht exportieren. Und an solche Weisungen muß man sich halten. Ooch als Rentner.

Werner Müller

Der Nebenberuf

»Du ziehst also hier ein – hm, wirklich, eine nette Wohnung.«
Der Fremde nickte anerkennend, nützte meine Verblüffung aus
und schüttelte mir die Hand wie ein alter Bekannter.
»Hast du viel Klamotten, Kumpel? Weißt du, ich habe nämlich
ein paar Tage Zeit.«
So lernte ich Erich kennen.
Pünktlich erschien er am nächsten Morgen, frühstückte aus-
giebig, rülpste noch ausgiebiger, trank drei Flaschen Bier und
trampelte beim Schreibtischtransport gegen den fülligen Bauch
meiner von Tante Frieda geerbten Vase, worauf sie klirrend
aufstöhnte und vor Schmerz und Gram in Scherben ging. Meine
Frau wäre dem Mann vor Freude fast um
den Hals gefallen, denn sie konnte das
Ding sowieso nicht leiden. Ich dagegen
ließ vor Schreck den Schreibtisch fallen,
was diesem zwei Beinsockel kostete und
mir einen blauen Zeh einbrachte. Erich
winkte daraufhin nur abfällig mit der
Hand, warf dabei den Garderobenspie-
gel um und zerrte mich mit dem Schreibtisch nach unten, wobei auch ein Teil des
Treppengeländers flöten ging. Nachdem
wir schließlich noch einen Klubsessel
auf die Stehlampe verfrachtet und ihr so
eine neue Form verpaßt hatten, fiel
meine Frau in Ohnmacht. Trotzdem wurden wir am Spätnachmittag fertig, und
ich drückte meinem Kumpel zwanzig
Mark in die offene Hand.

»Wenn wir fleißig daran weiterbauen, wirds bald ein Hüttenkombinat!«

»Wenn ich dir gelegentlich den Keller aufräumen soll, Regale
einbauen, Kohlen stapeln …« Er musterte mich mit einem breiten Lächeln. »Könnte mir denken, daß dir diese Arbeit nicht
liegt und für zehn Mark … ich habe noch ein paar Tage Zeit.
Nur, Freitag und Sonnabend rode ich für die alten Rabenas
Stubben, Sonntag ist Preisskat in der ›Grünen Weintraube‹, am
Montag fahre ich mit meiner Braut nach Berlin, am Dienstag
für Michaelis die Asche ab, und Mittwoch …? Ja, Mittwoch
kann ich dich einschieben. Also, Mittwoch.«

Am Mittwoch war mein Keller wirklich in Ordnung. Nur daß Erich aus meiner Kartoffelkiste Regale gebaut hatte, gefiel mir nicht ganz so gut.

»Wie ist es? Soll ich dir auch noch das Holz, das auf dem Hof liegt, kleinhacken? Ich meine, für zehn Mark? Noch habe ich Zeit.«

Er legte sogleich den Tag fest. »Also morgen ziehe ich bei Rechtsanwalt Dreher einen neuen Zaun, übermorgen fahre ich bei Doktor Brand die leeren Flaschen ab. Sonnabend helfe ich dem Spediteur, Sonntag geh ich kegeln, Montag werde ich Hellers das Dach flicken, Dienstag, hm, irgend etwas war da auch. Ich muß mal in meinem Terminkalender nachsehen. Na, da bleibt wieder der Mittwoch ...«

Mir wurde der Mann nun doch langsam unheimlich. »Lieber Herr, ich habe selten so einen fleißigen Mann gesehen, aber benötigen Sie denn Ihren Urlaub nicht zu Ihrer Erholung?«

»Wieso Urlaub? Krankgeschrieben bin ich.«

Gastronomische Ballade

»Keine Leute, keine Leute« – er kann's nicht mehr hören: Satiriker Hansgeorg Stengel.

Als ich jüngst im »Roten Roß« in Zossen
Tee begehrte und ein Mittagsmahl,
sprach der Wirt: »Die Küche ist geschlossen,
denn ich kriege nirgends Personal.«

Seufzend flehte ich um eine Cola,
doch der Wirt entgegnete gekränkt:
»Keine Leute. Meine Kraft Karola
kriegt ein Kind, drum wird nichts ausgeschenkt.«

Da ich durstig war und Hunger hatte,
fing ich wie ein Truthahn an zu schrein:
»Fällt denn Ihnen außer dieser Platte
›Keine Leute‹ keine Lösung ein?«

Und der Gastwirt sprach mit einem schwachen
Anflug von Humor: »Wie soll das gehn,
wo mir doch zum Sich-Gedanken-Machen
keine Leute zur Verfügung stehn!?«

Hansgeorg Stengel

2. Kapitel

Alles zum Wohle des Volkes

Humorvolles aus dem Alltag

Wie halbiert man den **Preis eines Fahrscheins** für die öffentlichen Verkehrsmittel? Wie erreicht man beim Arztbesuch, als sehr **kranker Mensch** anerkannt zu werden? Wie schafft man es, den eigenen Bewerbchen nachzugehen, und trotzdem keinen **Fehltag im Betrieb** zu haben? Die folgenden Geschichten erzählen vom Griff in die Trickkiste, wie ihn **unsere Menschen** variationsreich beherrschten und zum eigenen Wohle – gewissermaßen im Vorgriff auf die zwanzig Jahre später aufkommende Losung »Wir sind das Volk« – anwandten. Staatlicherseits diente die 1967 beschlossene Bildung von **betrieblichen Kultur- und Sozialfonds** dem Wohle des Volkes. Mit dem Erlaß zur **Wohnraumlenkung** wurde die Vergabe der knappen Wohnungen unter strenge kommunale Verwaltung gestellt. Die Bautätigkeit dieser Jahre beschränkte sich kapazitätsbedingt vorrangig auf **Industrie- und Gesellschaftsbauten**, darunter der beliebte Warnemünder **Teepott**, zu dessen Eröffnung 1968 Lotte und Walter auf ein Täßchen Tee erschienen.

Eberhard Cohrs

Ein bleeder Heini

Des fängt schon wieder gut an. Nischt wie Ärcher heute. Ich treff mein Freund Paul, ich sache: »Mensch, Paul«, sache ich: »Na, wir ham uns ja lange nich jesehn.«

Sacht er: »Hör uff, der Staat hat mich eingesperrt, wechen Konkurrenzneid.«

Ich sache: »Wechen Konkurrenzneid?«

Sacht er: »Ja, die ham festgestellt, daß sie dieselben 2-Mark-Stücken machen wie ich.«

Und da freit der sich ooch noch! Ich sache: »Da freust du dich?«

Da sacht er: »Doch wechen was ganz anderm. Ich hab da so een kleenes Wochenendhaus, und die Nacht war ein Sturm, hat's das Haus wechgeweht. Se hams bis jetzt noch nich gefunden.«

Ich sach: »Und da lachst du ooch noch?«

Sacht er: »In dem Haus war doch meine Schwiegermutter! Gloob mer, mit meiner Frau hab ich nischt wie Ärcher. Gestern komm ich nach Hause, liecht die verkehrt rum im Bette. Ich sach: ›Emma‹, sach ich, ›du liechst doch verkehrt rum im Bette!‹ Sacht se: ›Gott sei Dank, da sind's de Beene, ich dacht schon, ich hätte Kopfschmerzen.‹

Und am Sonntach hab ich mich geärchert. Ich komme nach Hause, ich denke: Guggst ma durchs Schlüsselloch. Gugg durchs Schlüsselloch, sitzt die doch mit een fremden Kerl uffm Sofa. Ich sach: ›Hasten verhaun?‹ – ›Nö!‹ – ›Läßt dich scheiden?‹ – ›Nö!‹ Ich sache: ›Was hast'n gemacht?‹ – ›Na, 's Sofa verkooft.‹«

Das ist ein bleeder Heini, gloobt mir das. Jetz hat der ooch noch 'n Triller unterm Pony, neuerdings, ja. Der macht, nach jedem Wort, macht der jetzt »Pfeif«.

Jestern kommt er zu seiner Frau, sacht er: »Liebe Emma (Pfeif), Du wirst lachen (Pfeif), der Kohlenkeller muß frisch tapeziert werden.« Sacht seine Frau: »Mein lieber Paul, isch kann mir ne helfen, das verdammte (Pfeif) macht misch ganz verrückt! Geh zum Arzt, laß das (Pfeif) wegmachen.« Mein Freund geht zum Arzt, sacht: »Lieber Doktor (Pfeif), meine Frau sacht (Pfeif), das (Pfeif) muß weg.« Sacht der Arzt: »Setz dich hin«, macht dreimal Hokuspokus, sacht: »Steh uff, sprech bei frischer Luft.« Gott sei Dank (Gug), das (Pfeif) ist weg. Wie er nach Hause kommt, sacht er zu seiner Frau: »Liebe Emma (Gug), du wirst lachen (Gug), das (Pfeif) is weg.«

Seine Frau: »Mein lieber Paul, isch kann mir ne helfen, das verdammte (Gug), das macht misch genau so verrückt wie das (Pfeif). Geh zum Arzt, laß dir das (Gug) ooch noch wegmachen.«

Mein Freund geht zum Arzt, sacht: »Lieber Doktor (Gug), meine Frau sacht (Gug), das (Gug) muß weg.« Sacht der Arzt: »Setz dich hin«, macht dreimal Hokuspokus, sacht: »Steh uff, sprech ...« Mein Freund steht uff, sacht: »Gott sei Dank (Pfeif), das alte Leiden is wieder da.«

Also mit dem hab ich nischt wie Ärcher. Glooben se mir's. Gestern uff der Straße, steht der uff der Straße und weent. Ich sach: »Was weenste denn so?«

Sacht er: »Du weest doch, ich bin im zoologischen Garten Wärter. Die Nacht – unser größter Elefante is gestorbn.«

Ich sach: »Tja, und den haste so geliebt ...?«

Sacht er: »Hm, aber ich soll das Grab schaufeln.

»Nischt wie Ärcher heute ...« Da weiß das Publikum, daß Eberhard Cohrs, der Kleine mit der großen Gusche, so richtig vom Leder ziehen wird.

Und das Schlimmste: Jetz haben wir gestern beim Buddeln – wir baun doch uff – ham wir so ne alte Fliecherbombe gefunden. Die meern an dem Ding rum, das Luder krepiert, fliecht in die Luft das Haus, die Fenster raus, der Boden hoch, der Schrank um. Mei Großvater kommt von der Toilette und lacht. Ich sach: ›Da feixt du noch?‹ Sacht er: ›Soll ma da ni lachen? Zieh an der Kette, fällt das Haus ein.‹«

Jetzt hab ich mir noch een Gedicht zusammengemeert, das ist sogar zeitnah, handelt von der Arbeet:

Morjen, morjen, nur nicht heute
sagen alle faulen Leute ...
Darum heute, heute, nicht erst morgen,
geh ich zwanzig Mark mir borgen!

Irmgard Abe

Ponys fallen nicht vom Himmel

»Viertausend Märker«, sagte der alte Zirkusmann, »und der Ponyhengst steht in Ihrem Stall. Wie Sie schon richtig bemerkt haben werden, beißt der Liebling und schlägt. Sie erkennen daran die Vernunft von dem Tier: Wir Kleinen müssen uns eben durchbeißen, wenn wir uns durchs Leben schlagen wollen. Damit komme ich bereits auf meine Unkosten zu sprechen.

Schließlich habe ich das Tierchen jetzt zwanzig Jährchen ernährt und muß dafür entschädigt werden. Denn sehnse mal, hätt ich ihm hungern lassen, wäre er vielleicht blutjung schon verstorben, und Sie könnten ihm heute gar nicht mehr kaufen.«

So einigten wir uns schnell auf dreitausend Mark, zahlbar in einer Woche, eine Kleinigkeit für einen sparsamen Menschen.

Also telegrafierte ich meinem Freund Mischa: »Borge mir bitte für Kauf edlen Ponyhengst dreitausend.«

Nun stand zwischen mir und dem Liebling nur noch die Post, die das Geld von Mischa entgegennehmen und an mich auszahlen sollte.

Über die Post in den Städten oder gar Großstädten kann ich nichts sagen, ich kenne die Post nur aus der Froschperspektive des flachen Landes. Und hier höre ich das Postauto jeden Morgen wie eine Hornisse durch den Wald brummen. Es bringt uns allerhand Geheimnisvolles, Liebesbriefe, Drohbriefe, Päckchen vom Versandhaus und Artikel für den Gartenfreund von Nr. 1 Chrestensen aus Erfurt, ganz bestimmt aber

»Da haste recht, Otto, billig warn sie nicht grade, aber sie geben unserem Dorf so einen schönen mondänen Anstrich.«

bringt es kein Geld. Fürs Geld hat die Post die einfachste Regelung der Welt: Was unsere kleine Postfrau auf dem Hinweg durch ihr Revier einnimmt, das kann sie auf dem Rückweg wieder auszahlen. Kein unproduktives Geld-Hin-und-Her, eine rationelle Methode. Meist geht die Rechnung auch auf. Man kriegt 18 Mark Honorar vom Rundfunk und zahlt 21 Mark Fernsehgebühren. Aber woher, zum Teufel, würde unsere kleine Postfrau plötzlich dreitausend Mark einnehmen? Gott sei Dank hatten wir drei Tage Zeit zur Lösung dieser komplizierten Aufgabe, denn früher war mit der Anweisung nicht zu rechnen.

Bei meinen Nachbarn fing ich an. »Wie ist es mit der Grundsteuer? Habt ihr für dies Jahr schon bezahlt?«

»Bei Gelegenheit. Wenn wir mal in der Stadt sind.«

»Ich höre aber, sie verschicken jetzt überallhin Mahnungen auf offenen Karten. Solltet ihr nicht doch lieber bei der Postfrau einzahlen?«

Ich sorgte für sofortige Alimentenzahlungen, Begleichung von Elektriker-Rechnungen, Kraftfahrzeug- und Hundesteuern, und wer völlig schuldlos war, spendete eben fürs Rote Kreuz. Die Postanweisungen hatte ich mit und füllte sie gleich an Ort und Stelle aus. Abends war meine kleine Postfrau durchaus zufrieden. »Vierhundert«, sagte sie, »und tausend vom Konsum, da brauchen wir bloß noch anständig Eiergeld, und zur Not verkaufen wir eben alle Briefmarken.«

Hätt ich mich bloß auf die alte, weise Postfrau verlassen! Aber wie das so ist mit den jungen Pferden – kaum sehen sie einen Hengst, schon gehen sie durch!

Ich hatte Angst, es könnte nicht genug Geld einkommen, und suchte nach neuen Quellen! »Man sollte«, sagte ich, als der Konsum besonders voll war, »noch einen Mehlvorrat anlegen. Das frische Mehl von der neuen Ernte – ich weiß nicht: es klitscht immer so.« Und: »Mit Zucker wird's womöglich knapp werden, jetzt in der Beerenzeit, man müßte gleich ein Viertelzentnerchen kaufen.« Solche praktischen Ratschläge für die Hausfrau finden natürlich offene Ohren, und der stolze Erfolg ließ nicht auf sich warten. Am Abend brachte der Konsum unserer Postfrau viertausend Mark.

Und damit war unsere Niederlage besiegelt. Unsere Postfrau wurde von Angst gepackt. Sechstausend Mark! Dreitausend hätte sie zur Not noch beherbergt. Aber sechs – o Gottchen! Sie packte das Geld in ein Versteck in der Ofenröhre, lief aufgeregt durch die Stube und schaute zitternd den Ofen an. Unsere Postfrau ist klein und alt und möchte gern ruhig schlafen. Sollte sie das Wagnis eingehen, sechstausend Mark im Kachelofen warm zu halten? »Nein«, barmte sie, »nein, nein, nein!«

Traurig, aber unnachgiebig packte sie das Geld ein, packte es zur Tarnung in ihre abgewetzte Einkaufstasche, radelte damit in die Stadt und übergab es dem Postamt zu treuen Händen.

Am nächsten Tag kam Mischas Anweisung über dreitausend Mark. Neunzig bekam unsere Postfrau zusammen, mehr nicht. Ich lamentierte ein bißchen. Dann schickte ich mich drein, den edlen Ponyhengst nie mehr zu sehn. Was soll ich sagen – genauso kams: Am übernächsten Tag verstarb er an Altersschwäche. Seither habe ich keine Einwände mehr gegen die Geldpraktiken der Post auf dem flachen Lande. Sie sind so gemütlich, beinahe weise, und bewahren den Leichtfertigen vor Schaden.

Anfrage an den Sender Jerewan: »Gibt es in der Sowjetunion eine Postüberwachung?« Antwort: »Im Prinzip nein. Briefe mit antisowjetischem Inhalt werden jedoch nicht befördert.«

Eulenspiegeleien

Ein Genosse geht zu seinem Parteisekretär und möchte aus der SED austreten. Nach den Gründen befragt sagt er: »Es gibt zwei Gründe, einen kleinen und einen großen. Der kleine ist, daß ich Angst davor habe, was mit uns gemacht wird, wenn es mal anders herum kommt.« Darauf der Parteisekretär: »Da kann ich dich beruhigen, es kommt nicht anders herum.« – »Genau das ist der wesentliche Grund ...«

Bediene dich selbst, aber Klau nicht!

Geflügel wird vorrangig bedient

Hier bewies sich wieder aufs Neue, daß unsere Menschen, wenn sie sehen, sie werden gebraucht, alle ihre Kräfte zur Verfügung stellen und auch den Nachtschlaf nicht scheuen.

(Vk.) Siegfried Schula

Ausbaufähige Einfamilien-Ruine in günstiger Verkehrslage, Höhenlage Dresden-West, preisgünstig zu verkaufen U 1364, DIE UNION, 806 Dresden

Innerhalb der nächsten 14 Tage soll auch die termingerechte Belieferung der Verkaufsstellen auf dem Lande überwunden sein. Wir sind davon überzeu... ...aß

Trautes Heim – Glück allein

Achim Fröhlich

Der Trick meines Onkels

Ich finde, Vergeßlichkeit ist wesentlich schlimmer als Heuschnupfen, weil es dagegen leider noch kein Radikalbekämpfungsmittel gibt. Zwar hat mein Onkel Hubert kürzlich eine Vergeßlichkeitsverhütungsmethode entwickelt, doch habe ich Bedenken, daß diese sich jemals international durchsetzen wird. »Jumheidi jumheida ... hussessa tirallalla ... hollahi hollaho ... fidirallalla fidirallalla ... schrumm schrumm«, sang Onkel Hubert halblaut vor sich hin. Es war auf einer sehr belebten Straße. Nachdem ich drei Minuten hinter ihm hergegangen war und er das Singen noch immer nicht eingestellt hatte, überholte ich ihn und sprach ihn an: »Tut mir leid«, erklärte er, »aber ich habe es sehr eilig! Hussassa tirallalla jumheidi jumheida ... fariafariahooo ...«

»Aber Onkel«, sagte ich, »ein paar Minuten wirst du doch für mich Zeit finden, wo wir uns so lange nicht gesehen haben!«

»Fidirallalla fidirallalla«, sang er weiter vor sich hin.

»Um Himmels willen, Onkel«, sagte ich besorgt, »ist dir etwa nicht gut?«

»Wie, bitte?« stotterte er geistesabwesend. »Warum sollte mir denn nicht gut sein? Fariafariahooo ... jumheidi jumheida ...«

Ziemlich langes Wochenende der kassenlosen Gesellschaft

»Aber du benimmst dich doch völlig irre! Was soll denn bloß dein albernes Gesinge?«

»Irre? Albern?« Der Onkel seufzte. »Schuld ist einzig und allein meine blöde Vergeßlichkeit ... hussassa ... tirallalla ...«

»Hörst du nun endlich auf, verdammt noch mal!« schnauzte ich, »beantworte mir sofort, warum du dauernd tirilli und tirilla und ähnlichen Blödsinn singst!«

»Meine Frau, deine Tante Berta«, sagte der Onkel mit saurer Miene, »hat mich zum fidirallalla fidirallalla ... hat mich zum Einholen geschickt.«

»Und weiter?«

»Damit ich nun nicht vergesse, was ich einholen soll, singe ich. Das Singen ist gewissermaßen eine Gedächtnisstütze ..., fariafariahooo ... Irgend etwas Musikalisches vergesse ich nämlich nicht so leicht. Du weißt doch, ich habe früher mal Klampfe gespielt! Klar?«

»Nein«, gestand ich, »deine Methode zur Gedächtnisstützung erscheint mir völlig absurd!« – »Also schön. Hussassa tirallalla zum Beispiel heißt soviel wie ein halbes Kilo Butter!« – »Interessant!« – »Fidirallalla bedeutet soviel wie ein Brot zu neunzig!« – »Und jumheidi jumheida, das ist Schnaps, was?« – »Nein, das ist Schmelzkäse!« – »Farifariahooo ist vermutlich Sauerkraut?« – »Unsinn! Das ist ein Päckchen Vanillesoßenpulver. Aber jetzt mußt du mich schon entschuldigen.« Onkel Hubert begann wieder halblaut zu singen.

Ich hielt ihn am Mantel fest. »Nur eine Frage noch! Selbst wenn ich einsehe, daß deine Methode gewisse Vorteile mit sich bringt, was machst du bloß, wenn du vergißt, was beispielsweise hussassa tirallalla zu bedeuten hat, wenn dir also quasi die Übersetzung entfallen ist?«

»Nichts einfacher als das. Dann gucke ich auf einen Zettel, den ich immer bei mir trage!«

Laufkundschaft

»Na, Frau Lehmann, wo wolln Sie denn hin?«
»Nach Pankow, mein Eisen reparieren lassen.«
»Was für ein Eisen?«
»Mein Bügeleisen.«
»Aber warum sagen Sie denn nur Eisen, wenn Sie Bügeleisen meinen?«
»Das ist wegen der Spezialisierung. In Pankow reparieren sie nämlich nur das Eisen. Mit dem Bügel muß man jetzt nach Köpenick.«
»Aber Frau Lehmann! Ein Bügeleisen hat doch keinen Bügel, sondern einen Griff.«
»Sehr richtig, und den Griff reparieren sie in Weißensee.«
»Aber da machen die in Köpenick doch eigentlich gar nichts.«
»Ist doch unwichtig. Hauptsache, sie haben sich spezialisiert. – So, nun muß ich aber rennen!«
»Und warum hüpfen Sie nur auf dem rechten Bein?«
»Das mache ich nur hinwärts. Zurück benutze ich das linke. Wenn man mehr herumrennen muß, ist eine gewisse Spezialisierung ganz nützlich. Tschüß!«

Jochen Petersdorf

John Stave

Fasching – Sache aller

»Dieses Jahr«, sagte meine Frau, »werden wir mal ein bißchen Fasching zu Hause feiern. Wir lassen die Papierschlangen von Silvester solange hängen, dann sparen wir uns schon diese eine Arbeit. Du kaufst Rotwein und Pfannkuchen, und ich mache dann einen Punsch, der sich gewaschen hat.«

»Was denn, du willst mit mir alleine Fasching feiern?« fragte ich erstaunt und sah von meiner Zeitung auf.

»Um Gottes willen! Natürlich nicht alleine. Willi und Marianne werden eingeladen und sicherlich auch Theo und Eveline.«

»Dann hättest du deine Silvestergesellschaft wieder komplett.«

»Na ja. War doch ganz schön.«

»Ach. Und das Loch, das Theo in den Teppich gebrannt hat?«

»Halb so wild.«

»Auf einmal! Und daß Willi den Weihnachtsbaum aus dem Fenster geschmissen hat?«

»Der mußte sowieso weg. Er nadelte schon schrecklich.«

»Die daran befindlichen elektrischen Kerzen auch?«

»Wir brauchen sie ja fast ein Jahr nicht. Außerdem gibt's jetzt schon viel modernere!«

»Und die vier Schwenker, die Evi zertöppert hat?«

»Sie wollte einen Trick vorführen. Nebenbei gesagt, als dein Freund Hans uns neulich unangemeldet heimsuchte, gingen auch zwei gute Gläser in die Brüche, und es war kein Silvester!«

»Weißt du«, sagte ich beschwichtigend, »Fasching ist mehr eine Sache aller, eine Frage der Gemeinschaft und der Festigung derselben.«

»Hilfe!« Meine Frau sprang auf und streckte die Hände abwehrend gegen die Decke. »Jetzt fängt er wieder mit seiner Hausclique an! Das eine sage ich dir: Muffkes kommen mir nicht über die Schwelle. Höchstens über meine Leiche!«

»Ich habe kein Wort von Muffkes gesagt. Es gibt genug andere Leute im Haus. Ich als Leiter der HGL muß die Gemeinschaft zusammenschmieden!«

»Wenn ihr im Sommer euern Rasen gemäht habt, dann hast du hinterher in der Kneipe die Gemeinschaft schon immer ganz schön zusammengeschmiedet.«

»Du weißt, daß ich es nicht gerne höre, wenn du euern Rasen sagst. Der Rasen gehört dir genauso wie mir.«

»Karl Marx, Kapitel acht.«

»Ich verbitte mir«, schrie ich, »daß du Wahrheiten, nur weil du sie nicht verträgst, ins Lächerliche ziehst. Aber ich weiß ja, wer dahintersteckt!«

»Aha! Jetzt geht's natürlich wieder mit Mutti los!«

»Ich möchte jetzt weiterlesen«, barmte ich.

»Nein! Niemand darf ungestraft meine Mutter beleidigen!«

»Ich habe kein Wort über deine Frau Mutter verloren!«

»Weil Mutter es in deinen Augen überhaupt nicht wert ist, daß man ein Wort über sie verliert. Aber der Grünkohl schmeckt dir, den sie immer anschleppt!«

Ein Mann geht mit einem großen Kranz über den Marktplatz. Er trifft einen Bekannten, der mitfühlsam fragt, wer denn gestorben sei. »Wieso gestorben? Niemand, aber Kränze gab's heut zufällig in der HO.«

»Der Grünkohl hängt mir zum Halse heraus!«

»Und als sie dir Aal von drüben mitgebracht hat? Vom Munde hat sie sich ihn abgespart, jawoll!«

»Das ist schon zwei Jahre her. Voriges Jahr hat sie keinen mitgebracht!«

»Du hast selber gesagt, daß drüben alles teurer geworden ist.«

»Für deine Kinkerlitzchen hat's gereicht!«

»Es ist ja schließlich meine Mutti und nicht deine. Du hast dich ja schon Monate nicht mehr bei meinen Eltern sehen lassen.«

»Ach. Und da wird einem der Aal entzogen? Eine feine Verwandtschaft! Bravo! Sehr edel! Hättet ihr mich doch gleich erschlagen! Dann wäre ich wenigstens weg!«

»Und von wegen Kinkerlitzchen! Wer hat denn den ganzen scharfen Mostrich verschlungen, he?«

»Jetzt habe ich aber genug!«

»Vom Mostrich?«

»Ich will meine Ruhe haben, verdammt noch mal! Gib sofort meine Zeitung wieder her!«

»Hier hast du deine verdammte Zeitung. In Streifen, sooooo! Immer wenn man sich mit dem Kerl in Ruhe unterhalten will, wird gelesen!«

»Ach. Aber wenn du nicht weißt, wie du neuerdings zum Alex kommst und schließlich im VP-Krankenhaus landest, so was steht auch alles in der verdammten Zeitung. Und noch ganz andere Sachen, ganz andere Sachen, mein Liebling!«

»Ich mach jetzt Essen.«

»Was gibsn heute?«

»Schweinebraten mit Grünkohl und Kartoffeln.«

»Na ja«, sagte ich erschöpft und lehnte mich in meinem Sessel zurück. Wo sie recht hat, hat sie recht. Da muß man eben als Ehemann auch mal ein bißchen tolerant sein. Aber eines konnte sie mir jedenfalls nicht ausreden, und darauf bin ich ein bißchen stolz: Fasching ist eine Sache aller!

Jochen Petersdorf

Balkongespräch

Am Sonnabend vormittag klingelte es. Frau Fleischhacke stand vor der Tür. Sie erklärte mir, daß der Sommer nun langsam ausklingt. Ich gab ihr recht und nahm die Einladung zu einer abendlichen Balkon-Bowlenparty an. Ich bin nämlich in der HGL, und da kann man nicht immer so, wie man möchte. Vorsichtshalber fragte ich aber, wer sonst noch käme. Nur Pusters. Größer ist der Balkon nicht. Und der Bowlentopf. Es wird aber bestimmt nett.

Die Befürchtung hatte ich auch. Aber ich ging hin. Pusters saßen schon auf dem Balkon. Frau Fleischhacke schnüffelte an meinem Blumenstrauß und sagte: Machen Sie sich's doch bequem! Bitte nach Ihnen, antwortete ich korrekt. Das war sehr undurchdacht. Denn als sich Frau Fleischhacke gesetzt hatte, war der Balkon gestrichen voll. Ich kam trotzdem noch unter. Geduldige Schafe gehen viele in einen Stall, sagte Herr Puster. Mehr sagte er an diesem Abend nicht. Obwohl er sicherlich gewollt hätte. Aber Mitleid verspürte ich kaum. Soweit ich wußte, hatte er seinerzeit keinen zwingenden Heiratsgrund gehabt.

Zum Wohle, schrie Frau Fleischhacke. Sie hatte jahrelang direkt an der S-Bahn gewohnt. Die Bowle zog ganz schön durch. Die Damen plauderten munter. Gelinde gesagt.

»Wenn Sie wüßten, welche hohe Meinung ich von Ihren menschlichen Werten habe, meine Gute!«
»Und ich erst von den Ihren, meine Liebe!«

Frau Puster blühte richtig auf. Charmant gesagt. Hin und wieder gelang es mir, eine Bemerkung einzuflechten. Ach nein! Was Sie nicht sagen! So ist es. Jaja.

Beim Thema »Schwarzer Kontinent« wollte ich einhaken. Doch da waren die Damen schon beim weißen Riesen, der mit den schwarz-braunen Körnchen diese ungeheure Waschkraft hat, was sogar Professor Schimmäck zugeben muß in der Sendereihe das Wort zum Sonntag in der Rumpelkammer.

Schlimmschlimm, sagte Frau Fleischhacke. Wenn man bedenkt, was es noch für unterentwickelte Landstriche gibt. Ohne elektrischen Strom und Bildung.

Genau. Meinte Frau Puster. Die Ionesku hat auch festgestellt, es gibt Buschmänner, die haben noch nie ein Buch gelesen.

Ooh! schrie Frau Fleischhacke. Und man kann sagen, was man will. Aber wenn sie die Konsummarken genauso abschaffen wollen wie in der Tschechoslowakei, dann ist es kein Wunder, daß die Leute den Kafka an der Spitze haben wollen und nicht den Dutschke.

Da mußte ich mal austreten.

Im Begriff, auf den Balkon zurückzukehren, stutzte ich. Frau Fleischhacke und Frau Puster sprachen über Erich Weinert, Louis Fürnberg, Käthe Kollwitz, Heinrich Zille und Johannes R. Becher. Literaturgespräche! Meinungsstreit! Glücksgefühl. Na also. Dachte ich. Selbst diese Frauen. Interessiert. Schön, vieles noch durcheinander. Aber. Ob sie wollten oder nicht. Mitgerissen. Ein Anfang, Meister Falk, gebildete Nation.

Und Sie können sagen, was Sie wollen, schrie Frau Fleischhacke. Die Käthe Kollwitz ist kein gewöhnlicher Dampfer! Sondern ein Luxusschiff! Das weiß ich genau. Mein Neffe ist bei der weißen Flotte. Auf'm Johannes R. Becher. Aber die Medaille hat er noch nicht. Die kriegen bloß immer die Offiziere.

Nichts gegen das Automobil

»Er hat kapituliert. Zahlt in bar und braucht keine Rechnung!«

So ein Wagen ist prima. Und er ist durchaus kein Luxus. Im Gegenteil, mit Hilfe eines Wagens kannst du alles effektiv und zeitsparend erledigen. Du fährst zur Tankstelle, füllst auf und prüfst den Reifendruck. Du gondelst zur Autopflegeanstalt, läßt den vierrädrigen Liebling waschen und bügeln. Du rutschst schnell rüber zum Ersatzteilladen, kaufst billardgrüne Schonbezüge und beziehst die Sitze auch gleich. Dann fährst du bei der Versicherung vor, zahlst Haftpflicht und Kasko. Und schon ist es Zeit für die Werkstatt, die noch die Dreiklanghupe und ein halbes Dutzend Extras einbauen muß. Immerhin möglich, daß du den Wagen günstig losschlagen kannst. Anschließend deshalb zur Anzeigenannahme: Biete Wartburg mit diversen Extras ... So ein Wagen ist wunderbar. Du erledigst in kürzester Zeit eine Menge Dinge. Und wenn du dich ein bißchen beeilst, bist du kurz vor Feierabend noch im Betrieb, und sie führen dich für den Tag als anwesend, wetten?

Ernst Röhl

Wolf Pelz

Das Teufelszeug

Automaten sind eine gewinnbringende Erfindung. Wenn sie funktionieren. Sonst bloß für den Handel. Darum machen wir auch immer einen großen Bogen um sie, aber die Schlange vor dem S-Bahn-Fahrkartenschalter war so lang. »Ich versuch's mal«, sagte ich optimistisch. »Manchmal hat man Glück.« Mein Freund Gottlieb stellte sich vorsichtshalber doch noch am Schalter an.

Als er den Automaten summen hörte, kam er mißtrauisch näher. »Funktioniert der?« fragte mein Freund, während ich kopfschüttelnd den Automaten bestaunte.

»Nicht richtig«, klärte ich ihn auf. »Dieser hier leidet an Überfunktion.«

»Gibt es denn so was auch?« erkundigte sich Gottlieb interessiert.

»Bitte«, sagte ich, warf einen Groschen hinein und ließ ihn selbst die 20-Pfennig-Fahrkarte entnehmen.

»Menschenskind!« rief mein Freund begeistert und schob mich beiseite. »Laß mich auch mal.«

Er steckte einen Groschen in den Automaten und erhielt eine Fahrkarte. Er kramte noch einen Groschen hervor und erhielt noch eine Fahrkarte ... Als er keine Groschen mehr fand, wollte er meine. »Ich habe bloß Sechser«, gab ich zu bedenken.

»Die kannst du behalten!« sagte er großzügig. »Die sind unbrauchbar. Aber ich brauche trotzdem Groschen«, bohrte Gottlieb. »Ich will noch mehr Fahrkahrten mit fünfzig Prozent Rabatt.« Er rannte zum Zeitungskiosk und verlangte eine Zeitung.

»Einen Groschen«, sagte die Zeitungsfrau. »Ich habe so wenig Kleingeld.«

»Ich auch«, sagte Gottlieb und erhielt zwei Groschen, ein paar Sechser und eine Zeitung. Für die Groschen holte er gleich Fahrkahrten.

»Ich brauche noch mehr Groschen!« fieberte Gottlieb. Er rannte noch einmal zum Zeitungskiosk.

»Einen Groschen!« sagte die Frau.

»Habe ich nicht«, antwortete Gottlieb. »Ich habe gerade telefoniert.«

»Dann geben Sie mir eben die Sechser von vorhin!« schlug sie vor. Gottlieb rückte sie fluchend raus. »So geht das nicht!«

»Was ist Glück?«
»Natürlich, daß wir in der DDR leben.«
»Was ist Pech?«
»Pech ist, daß wir soviel Glück haben!«

wandte er sich an mich. »Hol du jetzt mal eine Zeitung!« forderte er.

»Ich will ja nicht betrügen«, erinnerte ich ihn.

Gottlieb starrte mich an. »Ich auch nicht!« brauste er auf. »Ich kann die Automaten gar nicht um so viel betrügen, wie die mich schon betrogen haben. Alleine in den Telefonzellen …«

»Na ja«, nickte ich verständnisvoll, »aber vielleicht ist dieser Automat ganz unschuldig.«

»Interessiert mich überhaupt nicht«, verteidigte sich Gottlieb. »Heute hole ich mir jedenfalls mein Geld zurück!«

Gottlieb versuchte, sich in den nächstgelegenen Geschäften Groschen einzuwechseln. Ohne Erfolg.

»Haben Sie vielleicht ein paar Groschen?« fragte Gottlieb die Passanten. Sie hatten, aber sie brauchten sie alle für den Ohne-Schaffner-Betrieb in der Straßenbahn und im Autobus.

> Ich kann die Automaten gar nicht um so viel betrügen, wie die mich schon betrogen haben.

»Dann fahren Sie eben mal umsonst«, schlug er vor. Doch die Leute sind ja so ehrlich. Erst als mein Freund einen finanziellen Anreiz schuf, wurden die Leute einsichtsvoll.

»Für acht einzelne Groschen erhalten Sie eine ganze Mark!« sagte er kompromißbereit. Die Leute sahen zunächst Gottlieb an, dann sein Geld, und nachdem sie Gottliebs Geld eingehend untersucht hatten, willigten sie ein.

Es hatte sich schnell herumgesprochen, daß am Bahnhof ein Verrückter umherstreune, der für acht einzelne Groschen eine Mark bietet. Das Volk aus der näheren Umgebung brachte Dutzende von Sparbüchsen angeschleppt.

»Jetzt weiß ich auch, wo die Groschen immer bleiben«, bemerkte Gottlieb schwitzend. Er war dem Ansturm kaum gewachsen.

»So!« triumphierte Gottlieb, als er seine 600 Mark Monatslohn zu Groschen im Werte von 480 Mark gemacht hatte. »Jetzt hole ich mir alles zurück!«

Am Automaten setzte er ächzend seine schwere Tasche ab und entnahm ihr eine Handvoll Groschen. Als er den ersten davon in den Automaten stecken wollte, klopfte ihm jemand auf die Schulter. »Sekunde, junger Freund«, sagte der Mann, »Sie werden gleich zu Ihren Fahrkarten kommen.«

Und so geschah es. Nachdem der brave Mechaniker den Automaten in Ordnung gebracht hatte, konnte Gottlieb so viel Karten haben, wie er wollte! Das Stück für zwanzig Pfennig.

Hansjoachim Riegenring

Man muß viel schlucken

oder: Ein Tag in Tablettenform

Mir ist dauernd so schlecht, Herr Doktor.

Nein, ich lebe eigentlich sehr solide.

Allerdings gestern abend, da ist es beinahe heute früh geworden. Kleine Feier.

Aber ich bin ja so vorsichtig, Herr Doktor. Gleich nach dem Essen zwei GASTRITOL. Kaum hatte ich sie geschluckt, fiel mir ein, daß ich GASTRITOL nicht vertrage, wenn ich Alkohol getrunken habe. Also nahm ich noch drei GASTROTIL.

Für meine Gesundheit tue ich alles.

Aber meinen Sie, ich konnte zu Hause einschlafen? Ich wälzte mich herum und trank noch ein Bier und aß zwei Honigbrötchen, weil Honig die Nerven beruhigen soll, ich zählte weiße Schafe und schwarze Schafe.

Natürlich nahm ich ein Schlafmittel. Ich nehme immer ein Schlafmittel. Ich muß schließlich meine Arbeitskraft erhalten, Herr Doktor, ich habe doch Bewußtsein.

Zwei PENNODORM. Und ne Stunde später noch mal zwei.

Du meine Güte, Herr Doktor, die machen mir doch nichts aus, die nehme ich jeden Abend. Da sollten Sie mal den Kollegen Müller sehen, der futtert Schlaftabletten wie andere Leute gesalzene Nüsse. Acht Stück, wenn er nach Hause kommt, damit er um zehn schlafen kann. Das Fernsehen hilft ja auch nicht immer.

»Gips ist alle!« –
»Nehmse Zahnpasta!«

Ich will nichts gegen unsere chemische Industrie sagen, Herr Doktor, wie die den Bevölkerungsbedarf an Tabletten deckt, sogar vor den Feiertagen, wenn die Leute in der Apotheke anstehen – einwandfrei.

Aber warum steht auf den Packungen »Beeinträchtigt die Fahrtüchtigkeit«? Das müßte doch zu ändern sein.

Natürlich bin ich heute früh gefahren. Mit der U-Bahn. Was meinen Sie, wie schlecht mir geworden ist.

Ein Glück, daß ich noch ein paar MOBILIN bei mir hatte. Nein, die haben Sie mir nicht verschrieben, die habe ich von einem

Kollegen, der kriegt dafür manchmal meine Galletropfen. Wenn man sich nicht gegenseitig aushilft ...

Die Ärzte sind ja so vorsichtig beim Rezepteschreiben, und das ist ja auch gut so ...

Aber es gibt eben Ausnahmesituationen. Meine Zwillingsschwester zum Beispiel hat sich die Pille verschreiben lassen, damit sie kein Kind kriegt. Und nun hilft ihr eine Freundin aus, damit sie jeden Tag zwei Pillen nehmen kann.

Warum?

Prophylaxe. In unserer Familie kriegen die Frauen meistens Zwillinge.

Also die Plandiskussion hätte ich fast durchgehalten. Ich habe ja gleich früh noch drei HOPSAFORM-Dragees genommen, aber die Sitzung war so ermüdend – zum Glück ließ der Kaderleiter eine Packung MIGRANOL herumgehen, ja, das ist Sorge um den Menschen.

Wegen der Grippegefahr haben wir dann alle noch zwei FIEBEROL-forte geschluckt – und trotzdem – glauben Sie, ich hätte zu Mittag Appetit gehabt?

Karl gab mir zwar zwei Appetitsanreger – keine Ahnung, wie die heißen, aber blöderweise hatte ich kurz vorher die Appetitszügler von Gustav genommen. Nicht wegen der Linie – die Dinger sollen angeblich anregend wirken. Herr Doktor, ich habe nach Mitternacht zwei Schmerztabletten geschluckt, um vier zwei von der stärkeren Sorte – die habe ich wegen meiner Zahnschmerzen immer bei mir – Herr Doktor, wissen Sie, wie voll es beim Zahnarzt ist? Da stehe ich doch noch lieber in der Apotheke an.

Ich habe das Kopfschmerzpulver meiner Schwägerin eingenommen, meine Kusine gab mir ihre letzten Migränetabletten – ich weiß nicht, was mit mir los ist.

Mir ist so schlecht, Herr Doktor.

Können Sie mir nicht ein paar Tabletten verschreiben?

Hans-Joachim Preil

Die Tigerjagd

Sketch mit Herricht & Preil

Herricht *(zeigt stolz einen Bildband)*: Ein schönes Buch, nicht wahr?

Preil *(gibt es ehrlich zu)*: Muß ich sagen! Ein wirklich schönes Buch. Und die zauberhaften Fotos! Wie heißt es?

Herricht *(blickt auf den Titel)*: Mit der Kamera auf Großwildjagd. Da gruselt es einen richtig.

Preil *(mit plötzlichem Einfall)*: Eben ... Reden wir doch mal über eine Safari! Besser gesagt, eine Tiger-Safari! Können Sie sich darunter etwas vorstellen?

Herricht *(großspurig)*: Darunter stelle ich mir richtig was vor.

Preil *(hinterlistig)*: Erzählen Sie doch mal, wie so eine Tigerjagd vor sich geht. Ich meine, bei so einem interessanten Buch?

Herricht *(merkt, er soll ausgefragt werden)*: Erzählen? Ich?

Preil *(schmunzelnd)*: Ja doch! Sie haben gesagt, Sie können sich darunter etwas vorstellen. Also ... erzählen Sie!

Herricht *(klopft auf sein Buch)*: Das können wir uns doch sparen! In dem Buch steht das alles drin.

Preil *(beharrt darauf)*: Ich will es aber von Ihnen hören, wie Sie sich eine Tiger-Safari vorstellen.

Herricht: Na gut ... Sie werden staunen.

Preil *(ironisch)*: Das glaube ich auch!

Herricht *(läßt sich nicht irremachen)*: Also, ich schleiche so durch den dunklen Tann ...

Preil *(schüttelt den Kopf)*: Tann steht bestimmt nicht in Ihrem Buch. Entweder im Urwald oder im Busch!

Herricht *(sehr bestimmt)*: Pssst ... Jetzt müssen Sie aber still sein, wir sind nämlich schon mittendrin.

Preil *(interessiert)*: Mittendrin ... wo mittendrin?

Herricht: Im Busch! ... Ich beginne noch mal mittendrin ... Das heißt ... ich beginne am besten von vorn! Und nicht unterbrechen, Herr Preil, so ein Tiger ist nämlich sehr schüchtern.

Preil *(verbessert sofort)*: Scheu!

Herricht *(unbeeindruckt, lenkt plötzlich ab)*: Ja, das auch. Sonst verscheuen ... verscheuchen ... Sie ihn noch! Also ... sagen Sie, Herr Preil, kennen Sie auch so eine Tiger-Salafari?

Preil *(verbessert)*: Tiger-Safari? Sa... nicht La...!

Herricht *(bleibt dabei)*: Ja doch ... Eine Salamifari?

Preil: Quatsch, was wollen Sie denn mit einer Salami?

Herricht *(um keine Ausrede verlegen)*: Die schmeiß ich dem Tiger hin.

Preil *(erheitert)*: Ach, Unsinn! Lassen Sie die Salami zu Hause!

Herricht *(gibt nach)*: Gut! Ich lasse die Salami zu Hause. Auf Ihre Verantwortung.

Preil *(unwillig)*: Fangen Sie nun endlich an?

Herricht *(ebenso unwillig)*: Ich fange nun noch mal an ... Das dritte Mal! So lange hat der Tiger bestimmt keine Zeit. (nimmt eine schleichende Haltung ein) Ich schleiche also nun los ...

Preil *(erstaunt)*: Was machen Sie?

Herricht *(selbstverständlich)*: Ich schleiche ...

Preil: Wo? ...

Herricht *(zögert etwas ratlos)*: Auf einem Pfad ... Auf einem Schleichpfad ... Ich schleiche ... und schleiche ... und es ist eine Hitze ...

Preil *(verwundert)*: Was ist?

Herricht *(fährt unbeirrt fort)*: ... eine hitzende Drücke ... eine drückende Hitze ...

Preil *(ungeduldig)*: Weiter ...

Herricht: Ich schwatze so vor mich hin ...

Preil *(verbessert ungehalten)*: Ich schwitze ...

Herricht *(wie in Trance)*:   Was, Sie auch ...? Ja, ja und überall diese verdammten Moskwitschs ...

Preil *(verbessert wieder)*: Moskitos!

Herricht *(faselt weiter)*: Jaaaa, und die erst ...

Preil *(ungeduldig)*: Und wo ist der Tiger?

Herricht *(nach kurzem Überlegen)*: Der Tiger? Ja, der kommt heute nicht!

Preil *(läßt sich nicht darauf ein)*: Nee, nee, nee, der kommt. Plötzlich knackt es im Unterholz ...

Herricht *(erschrickt)*: Wer war das?

Preil *(dramatisch)*: Der Tiger steht plötzlich da. Seine Lichter funkeln.

Herricht *(unbeeindruckt)*:   Ach ... der ist im Auto gekommen.

Preil: Menschenskind, die Augen nennt man Lichter!

Herricht *(froh über die Ablenkung)*: So ein Blödsinn ... Sagen Sie, wenn Sie müde sind: »Ich schließe meine Lichter.«

Hans-Joachim Preil: »Und was würden Sie machen, wenn plötzlich ein Tiger vor Ihnen steht?«

Preil *(beginnt neu)*: Und was würden Sie nun machen, wenn plötzlich so ein Tiger vor ihnen steht?

Herricht *(kommt ins Schwimmen)*: Was ich da mache? Da mache ich ... Da mache ich mir nichts draus ... ich meine, da mache ich folgendes: Ich nehme mein Gewehr ...

Preil *(erstaunt)*: Moment ... wieso haben Sie jetzt ein Gewehr?

Herricht *(prompt)*: Sie haben gesagt, ich soll die Salami zu Hause lassen.

Preil *(hinterhältig)*: Gut! Aber nehmen wir mal an, da steht der Tiger ... und Ihr Gewehr geht nicht los!

Herricht *(großspurig)*: Eine Frage, Herr Preil. Wo steht der Tiger genau?

Preil *(deutet auf eine bestimmte Stelle)*: Da!

Rolf Herricht: »Wo steht der Tiger genau?«

Herricht *(überlegt kurz)*: Könnte der Tiger vielleicht ein bißchen weiter nach da stehen?

Preil *(ungeduldig)*: Von mir aus ... Trotzdem ... Ihr Gewehr geht nicht los!

Herricht *(völlig überzeugt)*: Herr Preil ... mein Gewehr geht los.

Preil *(mit sadistischer Freude)*: Nehmen Sie bloß mal an ...

Herricht *(beharrlich)*: Das nehme ich gar nicht erst an ... Mein Gewehr ist neu.

Preil *(auch beharrlich)*: Und wenn es trotzdem nicht losgeht?

Herricht *(will nicht begreifen)*: Dann tausch ich's um.

Preil *(giftig)*: Natürlich ... im Busch! Da tauschen Sie's um. Gegen was?

Herricht *(prompt)*: Gegen ein Messer.

Preil: Im Busch! Und was für ein Messer?

Herricht *(großspurig)*: Ein ... Buschmesser!

Preil *(überheblich)*: Und von wem ... das Buschmesser?

Herricht *(ohne nachzudenken)*: Von einem Buschmann!

Preil *(bleibt dabei)*: So ein Quatsch ... und inzwischen ist der Tiger weg.

Herricht *(unbeeindruckt)*: Der wird ja mal wieder zurückkommen!

Preil *(redet auf Herricht ein)*: Gesetzt den Fall ... er steht da, der Tiger, und Ihr Gewehr geht wirklich nicht los.

Herricht *(selbstsicher)*: Dann drehe ich das Gewehr um.

Preil *(erstaunt)*: Wieso ... um?

Herricht *(kennt keine Gefahr)*: Mit dem Kloben nach oben.

Preil *(verbessert lautstark)*: Mit dem Kolben ...

Herricht *(schnell)*: Mit dem Kolben nach dem Kloben. Und dann haue ich ... dann haue ich ... dann haue ich ...

Preil *(nun auch in Rage)*: Sie hauen ... Sie hauen ... was hauen Sie denn nun bloß?

Herricht *(verliert die Fassung)*: Ich haue … ab.
Preil *(zeigt einen Vogel)*: Und der Tiger hinterher.
Herricht *(erschreckt)*: Und der Tiger hinterher …? Warum?
Preil *(ungeduldig)*: Warum, warum, warum …? Weil der Tiger ein Raubtier ist.
Herricht *(verzweifelt)*: Kann er ja. Mich kriegt er nicht.
Preil *(lacht schallend)*: Und wie der Sie kriegt.
Herricht *(großartig)*: Gegen mich ist der Tiger ein lahmer Hund!
Preil *(schadenfroh)*: Wetten … daß er Sie kriegt.
Herricht *(trotzig)*: Wetten … daß er mich nicht kriegt?
Preil *(erstaunt)*: Wieso?
Herricht *(unerschüttert)*: Ich laufe ja im Zick-Zack!
Preil *(giftig)*: Und der Tiger im Zick-Zack hinterher …

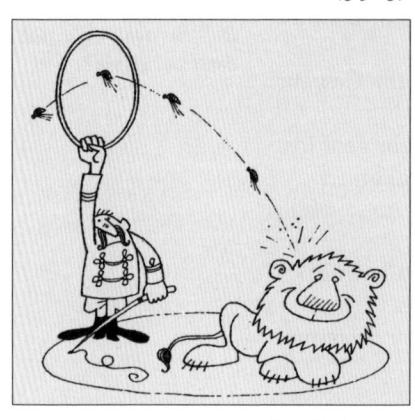

Herricht *(bockig)*: Kann er ja … Wenn ich auf »Zick« bin … ist der auf »Zack«!
Preil *(verbissen)*: Irrtum!!
Herricht *(in Nöten)*: Dann wird ja wohl irgendwo ein Baum in der Nähe sein?
Preil *(willigt ein)*: Gut, ein Baum … und …??
Herricht *(aufgeregt)*: Dann klettere ich auf den Baum rauf!
Preil *(boshaft)*: Und der Tiger hinterher …!
Herricht *(verblüfft)*: Und der Tiger hinterher?
Preil *(belehrt)*: Der Tiger ist ein Klettertier.
Herricht *(verzweifelt)*: Der Tiger ist ein Kleckertier?
Preil *(ungeduldig)*: Ein Klettertier …
Herricht *(zappelig)*: Dann kleckre … klettre ich auf einen Ast.
Preil *(mit großem Tempo)*: Und der Tiger hinterher.
Herricht *(aufatmend)*: Dann verstecke ich mich hinter einem Blatt …
Preil *(blitzschnell)*: Und der Tiger hinterher!!
Herricht *(letzte Möglichkeit)*: Dann springe ich eben runter, und der Tiger ist oben …! Bäää!!!!
Preil *(freudig)*: Nichts »Bäää« … der Tiger springt hinterher … Ihnen ins Genick und hat Sie.
Herricht *(erschöpft und sehr böse)*: Herr Preil … sind Sie nun mein Freund oder der Freund vom Tiger?
Preil *(will Herricht aufhalten)*: Wo wollen Sie denn hin, Herr Herricht?
Herricht *(trotzig)*: Nach Hause! Meine Salami holen.

3. Kapitel

Lernen, lernen, nochmals lernen

Als wir Schüler und Pioniere waren

»Wer nicht lernt, ist ein **undankbarer Schüler** und wird noch einmal an die schöne Jugendzeit zurückdenken« – schlitzohrig und schlagfertig, also ganz, wie wir ihn kennen und mögen, argumentiert der brave Schüler Ottokar, wenn ihm die Gretchenfrage gestellt wird: **Warum lernen wir?** Nicht nur von mehr oder weniger lernwilligen Kindern erzählen die folgenden Geschichten, sondern auch von dem, was falsch laufen kann bei der **Erziehung**. Antiautoritäre Konzepte, wie sie in dieser Zeit im Westen aufkommen, spielen keine Rolle, weder in den Familien noch bei der Betreuung in den Kindereinrichtungen. Daß Schuleschwänzen seinerzeit selten vorkam, versteht sich fast von selbst; ein **Kinderfilm** aus dem Jahr 1967 aber erzählt die schöne Geschichte vom »Tapferen Schulschwänzer«, der zum Lebensretter wird. **Disziplinverstöße**, das wußte auch der tapfere Schulschwänzer, wurden geahndet: mal mit schlechter Betragenszensur, mal mit einem **Elternbesuch** des Lehrers oder gar mit einem Tadel, vielleicht sogar öffentlich beim wöchentlichen Fahnenappell. Vermutlich hätte nichts davon Kathrin-Ramona, die Sie auf den nächsten Seiten kennenlernen, beeindruckt.

Ottokar Domma

Warum wir lernen

Eines Tages kam in unsere Schulklasse ein Herr Doktor. Auch hatte er eine Brille und einen Begleiter mit Aktentasche. Erst dachten wir, er will unsere Zähne und Zungen angucken und lauschen, wie wir husten; aber es war kein richtiger Doktor, sondern ein anderer. Der Herr Doktor winkte mit dem kleinen Finger, worauf der Herr Begleiter zu ihm sprang und etwas aus der Aktentasche zog. Es war eine Mappe mit Zetteln. Wie der Herr Doktor wieder winkte, sauste der Herr Begleiter durch die Bänke und gab jedem einen Zettel. Dann durfte er sich setzen.

Jetzt machte der Herr Doktor ein freundliches Gesicht und sprach, daß wir ihm helfen können, und er möchte die Wahrheit von uns wissen. Wer will, kann seinen Namen hinschreiben, wer nicht will, läßt es bleiben, und es gibt keine Zensuren. Dann sollen wir alle auf den Zettel schreiben, warum wir lernen. Wer fertig ist, gibt ihn ab. Der Herr Doktor setzte sich jetzt auch und flüsterte mit unserem Herrn Klassenlehrer.

Ich murmelte meinem Freund Harald zu, es ist besser, wenn wir gleich unseren Namen hinschreiben; denn unsere Kliere kennt jeder Lehrer, und der Schwindel kommt dann doch raus. Auch muß man bei Erwachsenen vorsichtig sein. Jetzt ging es los. Mein Aufsatz lautete:

Ich lerne, damit ich nicht sitzenbleibe wie die Gebrüder Rolf und Benno Raschke. Sie sind Zwillinge und Untugendbolde. Auch nennt sie der Herr Biolehrer Brettl seine Sorgenvögel, und der Herr Burschelmann spricht manchmal zu ihnen, daß einer allein nicht so dumm sein kann. Darum sind die Zwillingsgebrüder kein Vorbild, sondern eine Hemmung. Denn sie versauen immer unseren Klassendurchschnitt. Dieser ist jetzt 2,6 Prozent. Deshalb haben wir uns verpflichtet, den Ausschuß auf 2,3 Prozent zu senken, damit unser Herr Klassenlehrer auch einmal gelobt wird. Auch lerne ich, damit ich später einen schönen Beruf bekomme. Wer nicht lernt, ist ein undankbarer Schüler, und er wird noch einmal an die schöne Jugendzeit zurückdenken. Aber dann ist es vielleicht zu spät. Denn Frau Seidenschnur spricht, was das Hänschen nicht lernt, das lernt ein alter Hans nimmermehr. Das muß aber nicht so sein, weil mein Vater auch schon ein ziemlich alter Ottokar ist und manchmal das Sprichwort aufsagt: Der Mensch wird alt wie eine Kuh und lernt immer noch dazu. Darum besucht er jetzt einen Meisterlehrgang. Auch bin ich der Lernbrigadier von einer Lernbrigade, und wenn der Pillenheini einmal keine Lust hat zum Lernen, dann sag ich bloß, er kann was erleben. Gleich springt er. Denn Pioniere lernen gut.

Die anderen Schüler haben nicht so viel geschrieben, auch guckten manche ab, oder sie haben geschwindelt, zum Beispiel der Willi Speckmann. Er schrieb, daß er für den Sozialismus lernt, was nicht stimmt, weil der Speckmann eine Klassenhemmung ist. Auch darf man der dicken Mia nicht alles glauben, wenn sie schreibt, sie lernt für eine glückliche Zukunft. In Wirklichkeit lernt sie manchmal nur deshalb, weil sie dann von ihrem Vater Geld dafür bekommt. Davon kauft sie sich viele Torten und Bonbons, und wenn sie weiter so naschbar ist, dann landet sie nicht in der glücklichen Zukunft, sondern im Krankenhaus wie meine Tante Gertrud. Sie hatte ein Magengeschwür und ist operativ entfernt worden. Darum hat es keinen Zweck, wegen Torten zu lernen.

Der Schweine-Sigi schrieb, er lernt, damit er keine Dresche von seinem Vater bekommt und später ein Vorbild wird wie er. Das ist die Wahrheit. Denn Schweine-Sigis Vater ist der beste Sauenzüchter im Kreismaßstab, wogegen der lange Schücht nicht so gut für die Aufzucht geeignet ist, sondern mehr als Traktorist und Kombinefahrer. Darum schrieb der lange Schücht, er lernt, damit er später auch so viel Geld verdient wie der Herr Traktorist Heinrich Hartbrodt. Dieser hatte erst einen Trabanten, nachher einen Wartburg und jetzt einen Schädelbruch. Der Frau Hartbrodt ist nicht viel passiert, und sie sagt, daß sie ein mächtiges Glück haben, weil die Inkassoversicherung alles bezahlt. Mein Freund Harald schrieb auch eine ganze Menge. Einmal wußte er nicht, wie man das Wort Razionalisierung schreibt. Ich sagte, das ist zu schwer, und er soll lieber ein leichteres Wort auf den Doktorzettel schreiben, zum Beispiel Weltraumforschung. Er sagte, das geht auch, und es ist leichter.

Wie wir fertig waren, sammelte der Herr Begleiter die Zettel alle ein, und der Herr Doktor sagte zu uns, wie er dankbar ist, weil jetzt die Wissenschaft endlich weiß, warum wir lernen.

»Zur sechsten Oberschule? Bitte, immer dem Frühstück nach!«

Auch wird darüber ein Buch geschrieben, und wir dürfen jetzt ein bißchen auf den Hof gehen und diszipliniert herumtollen.
Mein Freund Harald und ich schlichen ein paarmal am Klassenfenster vorbei und schauten hinein. Der Herr Doktor und die anderen haben sich gleich auf unsere Aufsätze gestürzt, aber es war nicht zu verstehen, ob sie sich freuten oder ärgerten. Als sie wieder einen Zettel hervorzogen, fing der Herr Doktor auf einmal an zu lachen. Die anderen mußten jetzt auch lachen, und unser Herr Klassenlehrer kam ans Fenster und rief meinen Namen. Auch soll ich einmal hineinkommen.
Ich dachte, jetzt geht's los, und sie haben sicher wieder Fehler gefunden. Aber sie schimpften nicht, sondern der Herr Doktor sagte, daß ich einen langen Aufsatz geschrieben habe, und es war nicht nötig. Auch soll ich ihm jetzt noch sagen, ob ich vielleicht was vergessen habe zu schreiben. Ich antwortete ja. Der Satz sollte heißen, ich lerne, weil es mir Spaß macht. Der Herr Doktor rief, daß er sich jetzt ärgern muß, und ich soll sagen, warum ich so was Wichtiges weggelassen habe. Ich antwortete, weil ich nicht mehr genau wußte, ob man Spas mit s oder ß schreibt.
Daran kann man erkennen, daß wegen so einem schwierigen Wort jetzt vielleicht kein Lehrer erfährt, warum die meisten von uns wirklich lernen.

Schulweisheit

Um Noten kämpfen sie mit Lust und List.
Der Schüler Zeugnisdrang ist kaum zu dämpfen,
weil Schulgeschichte die Geschichte ist
von Klassennotendurchschnittskämpfen.

Hansgeorg Stengel

Eulenspiegeleien

»Wo ich das Geld für die Zigaretten hergabe? Wette gewonnen, Kinders. Hintereinander drei doppelte Wodka geschluckt.«

Der Lehrer zu seinen Schülern: »Hört mal Kinder, nächste Woche besucht uns der Genosse Walter Ulbricht, wer kann denn zur Begrüßung ein Gedicht aufsagen?« Meldet sich Fritzchen: »Unsere Katze hat Junge bekommen, sechs an der Zahl, fünf sind Kommunisten, eins ist noch neutral.« – »Prima«, lobt der Lehrer, »das sagst du dann auf.« Eine Woche später, Walter Ulbricht trifft in der Schule ein. »Na Kinder, wer kann mir denn mal ein Gedicht aufsagen?« – »Fritzchen, der kann ein ganz tolles, Genosse Ulbricht«, sagt der Lehrer. Fritzchen: »Unsere Katze hat Junge bekommen, sechs an der Zahl, fünf sind jetzt im Westen, eins ist nicht normal.« Der Lehrer völlig entsetzt: »Aber Fritzchen, wie kann denn so was passieren. Letzte Woche ging das Gedicht ja noch ganz anders.« – »Ja, Herr Lehrer, letzte Woche waren die Katzen ja auch noch blind.«

Seid kühn im Denken, fleißig im Lernen, zielstrebig bei der Arbeit, mutig beim Sport und fröhlich beim Spiel!

WALTER ULBRICHT

VORWÄRTS ZUM V. PIONIERTREFFEN IM AUGUST 1968 IN KARL-MARX-STADT

Peter Gauglitz

Papa, Mama, Kathrin

Mama: So, jetzt ist der feine, feine Gabentisch aber fertig auf-
gebaut, Heinzelmann.
Papa *(erfreut):* Da wird sich unsere Kathrin-Ramona aber freu-
en. Gleich, Muttel, ruf ich sie herein. Kathrin-Ramonaaaa!
(Schuhe stöckeln; ein Dielchen knackt)
Kathrin-Ramona: Wat issn?

Mama, Papa *(mit Singstimme):* Wir
gratulieren, gratulieren dem Ge-
burtstagskihind!
Kathrin-Ramona *(leicht betreten):*
Jeburtstachskind? Ihr sollt mir
doch nich imma tiefstapeln, wo!
(Doch gleich versöhnlicher) Na, Kopp
hoch, mitnander!
Mama: Nein, sie hat sich beinahe
bedankt!
Papa: Das ist lieb, sehr lieb. Aber
nun, liebe Kathrin-Ramona, sieh
dir bitte all die feinen Geschenke
an, welche deine liebe Mama sowie
auch ich, dein lieber Papa, dir ...
Kathrin-Ramona *(zusammenfassend):*
Is jut, Altachen. Willst quasi aus-
spuckn, dassa euch wieda mal
stramm ins Jeschirr geschmissn
habt, wa? Is jeritzt, ick mach schon
Pupille! *(Einen Augenblick sieht man
nur Augen.)*

*»Oh, das ist mir aber sehr
peinlich!«*

Mama *(ehrfurchtsvoll):* Sieh nur, Heinzelmann! Jetzt hat unse-
re Kathrin-Ramona die Dederonstrümpfe mit dem schicken
Lochmuster gesehn!
Papa *(schlechthin hocherfreut):* Schau, Muttel, sie probiert auch
gleich die lackledernen Schlupfstiefelchen an!
Mama: Mir scheint, Heinzelmann ...
Papa: Hast recht, Muttel, Kathrin-Ramona hat soeben gelä-
chelt. Hast du, Kathrin-Ramona, schon die feine Lederjacke
gesehen?
Kathrin-Ramona: Issn mächtig dicket Ochsenfell, wa? Aba

tippe druff, für die Woche wird die Überziehe schon jehn.

Mama: Das Import-Kölnischwasser, Kathrin-Ramona, ist auch von deinem Vater.

Kathrin-Ramona: Wieda ausse Buticke inne Marx-Allee, wa, Altachen?

Papa: Gewiß, mein Liebling, und deine Mama hat dir noch ein feines Transistorradio besorgt.

Kathrin-Ramona *(mit Kennerblick):* Import isse Heule nich, wa? Bloß son Hustenbonbon von uns, na, imma nur jrinsen!

Mama: Du freust dich also wirklich, Kathrin-Ramona? Das freut mich.

Kathrin-Ramona: So halb und halb, Mutta. Und dis dessentwejen, weila den Hauptheula vonne Schau total verschwitzt habt, wa.

Papa *(echauffiert):* Wir haben was vergessen? Was denn, mein Liebling?

Kathrin-Ramona: Na dis Minikleid mitn Popp-Pfiff undn doppeltjeschafften Jeometaluck von Exquisite untan Ladentisch, wa!

Mama *(entgeistert):* Nein! Kannst du uns noch mal verzeihen, Kathrin-Ramonachen?

Kathrin-Ramona: Ramonachen, Ramonachen! Die doofe Nelly hat eins mit zwei Handbreit übas Knie, bloß icke nich. Icke nie! *(Schluchzen breitet sich jäh aus ...)*

Mama: Heinzelmann! So tröste unser eigen Fleisch und Blut doch endlich!

Papa: Sogleich, sofort! Also, schau mal, mein Liebling, man kann eben nicht alles ... alles auf einmal haben ...

Mama: Aber nächstes Jahr, liebe Kathrin-Ramona, wenn du dreizehn wirst und eventuell in die fünfte Klasse kommst ...

Papa *(den Faden aufnehmend):* ... und ab und zu auch mal eine Drei ...

Kathrin-Ramona: *(Schluchzen)*

Papa: ... oder eine Drei minus ...

Kathrin-Ramona: *(Schluchzen, Weinen)*

Papa: ... ich meine, eine gute Vier nach Hause bringst, dann, mein Liebling ...

Kathrin-Ramona *(nun aber doch recht ungehalten):* Wattn, büffeln soll ick für die paar Reckwesiten ooch noch ...?

Forhank fellt auß!

Großer Empfang. Ein VP-General nimmt sich ein Herz und fordert Margot Honecker zum Tanz auf. Während des Tanzes fragt er sie, ob sie als Volksbildungsministerin in den Schulen gegen die Volkspolizistenwitze einschreiten kann. Die Volkspolizisten seien nicht so dumm, wie der Volksmund behauptet. Margot daraufhin: »Na sicher, Genosse General. Aber seltsam ist es schon: Sie sind nämlich der erste, der mich während der Nationalhymne zum Tanz aufgefordert hat.«

Ulrich Speitel

Frühling auf unserer Klitsche

Es ist Frühling geworden. Die Luft geht lau, die Blumen aasen mit Duft und Farbe, auch die Vögel beginnen sich einzusingen. Wir aber erkennen den Frühling vor allem daran, daß es all unsre städtischen Freunde mit einem Mal wieder mächtig zu uns in die Landwirtschaft zieht, in die saubere Luft, in den grünen Wald, zu den Vöglein und Rehlein, den frischen Eiern aus unserem Stall, den Aalen aus unserem Flüßchen, dem Spargel aus unserem Garten. Alljährlich zur Frühlingszeit vermehrt sich der Kreis unserer Freunde geradezu ungeheuer. An den Wochenenden kommen sie angebrummt, auch werktags mitunter, wenn sich der Ausflug zur Dienstreise hochstempeln ließ. Und natürlich bringen sie ihre Kinder mit.

Neulich rolln unsre neuesten Freunde an, Hugo und Hilde, dazu die Kinder, ein Junge, ein Mädchen. Hugo hält einen ziemlichen Posten besetzt, Hilde auch, und beide, muß man sagen, stehn lotrecht im Leben, potente Leute. Bis auf die eigenen Kinder. Weiß der Kuckuck was sie mit ihrem Nachwuchs anstelln!

Spinnen werden eingestallt und gemästet. Zu Pfingsten gibt's Spinnenfett.

Der Junge steigt aus dem Auto und kuckt sich um: Scheune, Waschküche, Stall und Wohnhaus – ein Bauernhof. Was sagt er? »Sieht ja man ziemlich mickrig aus, eure Klitsche!« sagt er zu Konrad, dem Ältesten unsererseits. Konrad verschluckt eine Antwort und steckt seine Fäuste sicherheitshalber in die Hosentaschen. Das Mädchen stöckelt zwei Schritte übern Hof und quietscht auf: »Ii, hier bricht man sich ja die Knochen! Warum isn der Hof nicht gepflastert?«

Unsre Tochter Sabine erklärt ihr, daß wir den Hof lieber voll Rasen haben, das ist gut für die Hühner und Eier. »Und der Hühnerdreck?« sagt das Mädchen. »Hier liegt ja Hühnerdreck rum!«

Der Junge wünscht unterdes Apfelsaft. Ausgerechnet Apfelsaft haben wir momentan nicht im Hause. Kann's nicht auch Brause sein oder Cola?

»Gefärbtes Wasser?« Der Junge mault. »Ich denke, wir sind aufm Lande, und dann nicht mal Apfelsaft!«

Meine Frau sieht mich und ich sehe die Eltern an. Aber da rührt sich nichts. Die Eltern liegen auf einer Decke im Gras, und die Sonne scheint, die Tauben gurren, und aus dem Wald zieht süßer Akazienduft über den Hof. »Oh, oh!« murmelt Hugo.

»Oh, tut das gut! Ein himmlischer Friede!« Und Hilde stößt vor Behagen wohlige Seufzer aus. »Endlich mal Ruhe! Endlich mal andre Gedanken!«

»Also, Sabine«, sagt meine Frau, »fahr los, hol Apfelsaft!« Sabine schwingt sich aufs Fahrrad, drei Kilometer hin, drei her.

»Ihr seid wunderbar nett!« flüstert Hilde, und dann drusselt sie langsam ein.

»Wie wohntn ihr so?« fragt der Junge. Konrad geht mit den beiden ins Haus und zeigt ihnen unsre Wohnung.

»Warum sindn die Fenster so klein? Sind ja mickrige Löcher. Könnt ihr euch keine größeren leisten?«

Konrad sagt: »Licht genug, wir sind ja den ganzen Tag über draußen.«

Das Mädchen rümpft seine Nase. »Im Hühnerdreck, wa?«

»Na ja«, sagt der Junge, »ihr seid eben Bauern. So richtige Bauern seid ihr!«

Konrad steckt seine Fäuste sicherheitshalber zum zweitenmal in die Hosentaschen, beißt die Zähne zusammen und führt den Besuch in die Kinderstube.

»Wat denn nu – zweistöckig? Einer oben, einer unten? Wo schläfstn du?«

»Na oben«, sagt Konrad. »Ich komm da doch fixer rauf als Sabine.«

»Und wenn deine Schwester mal einen fahren läßt, steigt dir der ganze Duft in die Nase. Schön doof!«

»Vor der Nase hab ich das offene Fenster«, sagt Konrad. Das Mädchen schreit plötzlich auf: »Hilfe! Ein Vieh!« Durchs offene Fenster kriecht eine Spinne. Konrad fängt die Spinne weg und hält sie ein Weilchen in der hohlen Hand. Die Besuchskinder drücken sich an die Wand. »Offenes Fenster«, knurrt der Junge, »und dann die Bude voll Viehzeug!« Konrad sagt lieber nichts mehr und läßt die beiden stehen.

»Wo rennstn du hin, du Bauer?«

»Die Spinne anbinden«, sagt Konrad. »Spinnen werden eingestallt und gemästet. Zu Pfingsten gibt's Spinnenfett.«

Weg ist er. Wir sitzen unterdes in der Sonne und reden mit Hugo und Hilde. Es sind, wie gesagt, patente Leute, nichts dran zu tippen. Beschlagen, belesen, den Kopf voller Proble-

matik und allerhand um die Ohren. Die Besuchskinder stehn
nun allein auf dem Hof. Sie langweilen sich und mosern sozusagen ein bißchen vor sich hin. Nach einer Stunde entgeht das
auch Hilde nicht mehr. »Na, was ist los?« Hildes Blick huscht
flüchtig über die Tochter hin und gleich wieder weg.

»Ach, was soll sein«, sagt die Tochter, »der dumme Bauer ist
weggerannt.«

Wir bemühn uns allesamt, nichts gehört zu haben. Wir bemühn
uns erfolgreich den ganzen Nachmittag über. Zum Abendbrot
wünscht der Kinderbesuch erst einmal kuhfrische Milch, dann
lieber Tee, danach nicht den Apfelsaft, mit dem Sabine soeben
zurückgekehrt ist, sondern am liebsten Kakao, Wurst nicht,
jedenfalls nicht unsre, vielmehr nacheinander Rollmops, Spie-
geleier und Knacker mit Salat. Meine Frau geht schafsgedul-
dig zum sechsten Mal in die Küche. Den Eltern schmeckt's. Sie
merken nichts, sie hören nichts, sie erörtern mit
uns gerade »Die Erben des Manifestes«. Mich aber
reitet der Deibel. Ich nehme mir Hugo beiseite und
blase ihm ein paar pädagogische Takte ins Ohr.

> Zum Abendbrot wünscht der Kinder-
> besuch nacheinander Rollmops,
> Spiegeleier und Knacker mit Salat.

Hugo zuckt hilflos mit den Schultern, seufzt verlegen vor sich
hin. »Jaja, ich weiß ja, ich weiß, aber was soll ich machen ...?«
Er singt mir das Klagelied des abgearbeiteten Mannes. Plötzlich aber rafft er sich auf. »Konrad?« Konrad kommt. Hugo legt
los: »Die waren doch frech, diese Gören, Was?«

»Nicht der Rede wert«, sagt Konrad.

»Ich hab aber so was wie dummer Bauer gehört ...«

»Ich nicht«, sagt Konrad, »tut mir leid.«

»Doch«, sagt Hugo, »hab ich gehört. Und an deiner Stelle, weißt
du, was ich gemacht hätte? Ich hätt sie verkloppt!«

»Nein«, sagt Konrad, »das kann man nicht machen. Diese Kinder waren doch unsre Gäste.«

Hugo steht da wie vom Donner gerührt. »Donnerwetter!« sagt
er. »Donnerwetter, das ist mir ein Junge! Jetzt weiß ich auch,
was wir machen.« Hugo hat einen kühnen Entschluß gefaßt.

»Wir kommen euch«, sagt er, »öfter besuchen.«

Wir lächeln gequält.

Hugo beugt sich zum Abschied noch einmal aus seinem Auto
und flüstert hinter der vorgehaltenen Hand: »Ich glaube, das
biegt unsre Kinder schon wieder hin!« Und erleichtert fährt er
davon. Ich schau mir den Konrad an, dieses höfliche Kind, und
verspüre nicht wenig Lust, ihm eins auf den Hintern zu geben.

4. Kapitel

Was des Volkes Hände schaffen

Wir Werktätigen in Stadt und Land

Ab **August 1967** gilt die »allgemeine Einführung der
5-Tage-Arbeitswoche«. Bauarbeiter Paulegon, den Karl
Mohr in seiner Humoreske »Freitag der 13.« vorstellt, lebt
längst im Rhythmus der **4-Tage-Woche**. Auch wenn noch
nicht jeder Werktätige diesen Stand erreicht hat, kannte
und beherzigte man DDR-weit den Spruch **Freitag ab eins
macht jeder seins**. Daß Handwerk goldenen Boden
hat – wann je hätte diese Weisheit mehr gegolten als
zu DDR-Zeiten? Man hatte den Materialismus, aber kein
Material. Man hatte die sozialistische Menschengemeinschaft,
aber Ersatzteilindividualismus. Ob Autowerkstatt, Klempner
oder Dachdecker, die Kunden standen Schlange, und ohne
Bakschisch ging immer weniger. Peter Gauglitz macht uns
mit einem besonders gewitzten **Meister des Handwerks**
bekannt und erklärt die Wunder der freihändigen Addition.
Wie ein Fels in der Brandung erscheint da Frisör Kleinekorte,
der uns mit seinen Gedanken über Gott und die Welt und die
Arbeiterklasse mitten in die Probleme der Zeit führt.

Renate Holland-Moritz

Onkel Oskar, der Briefbeschwerer

Psychologen würden vielleicht diagnostizieren, daß sich mein Onkel Oskar in sein Hobby flüchtet, weil ihm das Erfolgserlebnis in der Arbeit versagt blieb. Auf jeden Fall ist er seit Jahren ein glücklicher Mensch. Er fiebert dem Feierabend entgegen wie der Modelleisenbahner, der Laubenpieper oder der Briefmarkensammler. Dabei ist sein Hobby weit weniger kostspielig – er braucht dazu lediglich eine Schreibmaschine und eine große Menge Briefpapier.

Onkel Oskar schreibt jedoch ausschließlich Beschwerdebriefe. Es bereitet ihm ausgesprochenes Vergnügen, der Schuhfabrik »Kesse Sohle« vorzuschlagen, sie möge sich in VEB »Saftladen« umbenennen lassen, weil ihre Brandsohlen allesamt undicht seien. Der VEB Büroutensilien »Neues Kleben« erfährt aus einem geharnischten Schreiben Onkel Oskars, daß

Bennos Brigade ernannte Onkel Oskar zum Verdienten Lärmschlucker des schmiedenden Volkes.

die Leimpinsel ständig Haare lassen, weil zwar der Leim sehr gut ist, die Pinsel aber sind der reine Murks. »Einfaltspinsel produzieren Ausfallspinsel«, schreibt Onkel Oskar, bebend vor Sarkasmus. »Sehr richtig«, antwortet ihm der Kundendienst von »Neues Kleben«, »aber die Murkser befinden sich in unserem Zulieferbetrieb ›Kumpel, greif zum Pinsel‹, welchen Sie sich einmal greifen sollten!« Was von Onkel Oskar postwendend erledigt wird.

Mögen auch Bierdeckelsammler, Phillumenisten und Autogrammjäger Befriedigung in ihrem Hobby finden, keinem ist so ein reiches Betätigungsfeld gegeben wie meinem Onkel, dem Briefbeschwerer. Jeder Einkauf, jeder Spaziergang, jedes Gespräch mit Kollegen verschafft ihm neues Material. So beschwert er sich bei der Süßwarenfabrik »Dolce vita«, daß die Anzahl der Liebesperlen in den handelsüblichen Einwegnuckelflaschen zwischen sechsunddreißig und dreiundfünfzig schwankt, was den Betrugsparagraphen erfüllt sowie auch von der kapitalistischen Denkweise in den Köpfen der Liebesperleneinfüller spricht.

Es wäre nun aber ungerecht, meinen Onkel Oskar als reinen Meckerkopp zu klassifizieren. Er ist im Grunde genommen ein wahrer Apostel der Nächstenhilfe. Sein Ziel ist es, durch unverdrossenes Briefbeschweren Mängel jeder Art abzustellen,

Verbesserungen für andere anzuregen und durchzusetzen. So geht zum Beispiel – laut Onkel Oskars eigener Aussage – die Abschaffung von Strohhalmen und die Einführung von Plastetrinkhälmchen auf einen seiner Briefe zurück. Auch manch einem Kollegen konnte er schon mit seinen wohlgesetzten Schreiben unter die Arme greifen. Dabei muß Onkel Oskar unter Umständen viel Zeit und Mühe darauf verwenden, in eine ihm fremde Thematik einzudringen, wie zum Beispiel im Falle unseres Schwagers Benno, von Beruf Gesenkschmied.

Onkel Oskar drang tief in die Seele des Gesenkschmiedegeschäfts ein und kam zu dem unumstößlichen Schluß: Hier gibt's zuviel Lärm. Da ihm Schwager Benno versichern konnte, daß Eingaben innerhalb des Betriebes von notorischer Erfolglosigkeit seien, wandte sich Onkel Oskar direkt an das entsprechende Ministerium. Er verlangte den Einbau schallschluckender Wände sowie von Entlüftungsanlagen, regte die Einhüttung verschiedener Maschinenteile an und schlug vor, bei der Konstruktion neuer Maschinen die Menge der erträglichen Phonzahlen von vornherein nicht zu überschreiten. »Wenn in Ihnen ein fühlendes Herz für die Trommelfelle unserer werktätigen Gesenkschmiede schlägt, werden Sie Ihr Ohr nicht verschließen«, beschwor er den Minister.

Das Ergebnis war phänomenal. Onkel Oskars Beschwerdebrief rief eine gewaltige, zentral geleitete Kampagne ins Leben, die unter dem aufrüttelnden Motto stand: »Lärm – schluckt!« Eduard Bodenkeil, den Gesenkschmieden der DDR vertraglich verpflichteter Schriftsteller, schrieb in Rekordzeit den Roman »Wir sind nicht länger Schall und Rauch«.

Bennos Brigade lud Onkel Oskar zu einer Brigadefeier ein, bei der sich lediglich die Ehefrauen über den Lärm beschwerten, den das dauernde Öffnen der Bierflaschen verursachte. Alle freuten sich lautstark auf die Aussicht, in Zukunft nahezu unhörbar noch besser und fester schmieden zu können. Schließlich ernannten sie Onkel Oskar zum »Verdienten Lärmschlukker des schmiedenden Volkes« und ließen ihn ungezählte Male hochleben.

Der wackere Briefbeschwerer saß indes melancholisch lächelnd inmitten der fröhlichen Schmiede. Gewiß freute er sich mit ihnen, aber sein großer Augenblick war mit der Absendung des Beschwerdebriefes vorüber. Onkel Oskar dürstete nach Taten. Und er wußte, seine Stunde würde erneut schlagen.

Sie schlug drei Tage später. Ein Arbeiter aus Bennos Betrieb

besuchte ihn und bat im Namen seiner Brigade, Onkel Oskar möge wiederum zur Feder greifen. Bitteres Unrecht sei geschehen: kaltlächelnd habe man den Kollegen die bisher übliche, nicht unerhebliche Lärmzulage entzogen.

Onkel Oskar spannte glücklich einen Bogen in die Schreibmaschine. Endlich hatte er wieder einen Grund, ordentlich Krach zu schlagen.

Zumutproben

Noch besteht kein Grund zur Euphorie, doch kann man schon jetzt ohne Übertreibung feststellen, daß prinzipiell jeder Kunde in der Lage ist, einschlägigen Handels- und Dienstleistungseinrichtungen bei der Erfüllung ihrer ständig wachsenden Aufgaben erfolgreich unter die Arme zu greifen. Dies sollte aber nicht darüber hinwegtäuschen, daß es auch noch Kunden gibt, auf

die kein Verlaß ist, Kunden, die ihre große Chance, einen eigenen Anteil an den schönen Erfolgen der dienstbaren Geister konkret und abrechenbar ausweisen zu können, un-

»Wie du siehst, Kollege, ist bei der Baustoffversorgung eine breite Streuung gesichert!«

genutzt verstreichen lassen. Herr Dieter Müller aus Salzwedel, um auch solche Leute mal namentlich zu nennen, fand statt der erwarteten 35 Zentner Kohle vor seiner Haustür in der Wilhelm-Pieck-Str. 46 einen Zettel mit folgender Mitteilung vom Betriebsteil Salzwedel des VEB Kohlehandel Magdeburg in seinem Briefkasten vor: »Herr Müller, wir haben irrtümlich in der G.-Spiegel-Str. 1 ihre 35 Zentner Braunkohlenbrikett abgekippt. Holen Sie sich doch bitte die Kohlen von da weg und geben Sie uns Bescheid. Vielen Dank im voraus.« Trotz dieser freundlichen Aufforderung und der Tatsache, daß die Kohlen nur 250 Meter von seinem Haus entfernt auf dem Bürgersteig lagen, rührte Herr Müller keinen Finger. Manche Leute haben eben kein Vertrauen in die eigene Kraft und erfahren so nie, was sie sich zumuten können.

Manfred Strahl

Eulenspiegeleien

„Wat heeßt hier Schluderarbeit.
Hauptsache, mein Schornstein raucht!"

„Geschafft! Weit und breit nur Stoppeln!"

Axen, Stoph und Ulbricht werden gefragt, was sie für die größte technische Errungenschaft halten. Axen: »Das Auto. Unsere Menschen können sich bequem von einem Ort zum andern bewegen.« Stoph: »Die Raumfahrt, sie eröffnet neue Horizonte.« Schließlich Ulbricht: »Die Thermoskanne. Im Sommer füllt mir Lotte kalten Tee rein, und er bleibt schön kühl. Im Winter heißen Kaffe, und er bleibt den ganzen Tag lang heiß. Und nun die Frage: Woher weiß die Thermoskanne, wann Winter und wann Sommer ist?«

Karl Mohr

Freitag der 13.

Zuerst sieht es gar nicht danach aus, daß später noch etwas
in Form eines Zwischenfalls passieren soll. Gleich in der Früh
reibt sich die Neubaustelle den Schlaf aus den leeren Fenster-
rahmen. Hätten die Glaser einen Zahn mehr zugelegt, könnte
sie sich die Glasaugen reiben. Doch die Kollegen Rüster hin-
ken mit der Abrüstung ja auch noch hinterdrein. Die Abrüster
mit den Installateuren. Und die Installateure mit den Malern.
So steht der neue Block eben noch gut im Nutzholz. Auf einer
Leitersprosse macht eine Katze den Buckel krumm.
Die Katze ist gescheckt. Zuerst sieht es wirklich gar
nicht danach aus, daß später ... Kurz darauf sieht's
schon ein bißchen anders aus. Zwei Männer machen sich zu schaffen. Sie schaffen an.
»Otto, reich mal'n sechser Rundeisen rüber!« –
»Hier, Orje! Du, ich könnt 'nen kleinen Rohrkrüm-
mer brauchen!« – »Da, haste – steck weg!«

*»So ein Mist. Warum
mußte ich auch ne un-
grade Zahl trinken!«*

Noch stehen sie allein auf weiter Baustellenflur, doch gleich
kommt weiteres Leben ins Gelände. Im Frühtau zu Berge ver-
schwindet ein junges Paar Hand in Hand im etwas rohen Treppenhaus. Weg ist es. Der Aufgang hat noch kein Geländer. Nun
erscheinen schon wieder zwei. Der eine hat verbeulte Hosen an,
dafür trägt sein Nebenmann ein flottes Jackstück. »Was gilt ein
Stein?« hebt er zu meditieren an. »Wir achten ihn gering. In Verbindung mit anderen jedoch ... Emil, bring noch vier Ziegel!« –
»Hohlblock?« – »Nee, wie sie kommen!«
Die Sonne scheint. Die Katze buckelt. Die Katze ist gescheckt.
Noch immer sieht es gar nicht danach aus, daß später ...
Und neues Leben ist aufm Bau zur Stelle. Ein altes Mütterchen.
Es bückt sich dreimal und findet zwei Pilze. Einer von beiden
soll eßbar sein. Und ein dünner Halbstarker macht seinen Vater
schwach, bis der ihm endlich Feuer gibt. Gleich vorne, an der
F 6. Aber auch die fast zufällig mit der Wolpryla-Kunstfaser-
schürze des Weges kommende Hausfrau H. wird nicht ergeb-
nislos abgetan. Rot ihr Mund, hell das Stimmchen. Und immer
auf der Suche. »Glasierte Kacheln, hellgrün ... Wer hat glasierte Kacheln?« Männlich stark wirft Emil ihr die Antwort vom
Balkon herunter: »Hallo, Madameken! Hier is noch 'ne Büch-
se Latexer Blattgrün! Jreifen Se zu oder nich?« Gleich darauf
kriegt sie die ballistische Fallkurve abwärts.

Immer noch sieht es gar nicht danach aus, daß später ... Denn
jetzt trifft erst mal Junickes Dobermann ein. Er hebt das Bein
und macht einen Zementsack voll. Und eine Handvoll Kinder,
fünf an der Zahl, spielen im leeren Teerfaß. »Wer hat Angst
vorm Schwarzen Mann?« Keiner! Mit Markenbutter soll das
wieder abgehen. Ein paar Grundschüler haben einen dicken
Balken zum Wippen gebracht. Auch Chingachgook, der junge
Naturforscher, fehlt beileibe nicht. Etwas kurzsichtig späht er
Mutter Baustellenerde nach leichtverscharrtem Material fürs
kleine Lagerfeuer ab. Sogleich sieht sie sich in der glücklichen
Lage, ihm dies beisteuern zu können: zwei fast neue Mörtelki-
sten, vier stramme Rüstböcke, die Hintertür der Baubude ...
Hallo, Jungs! Helft Chingachgook, der schlappen
Schlange! Allein kann mans nicht schaffen! Ein
kleiner Raummeter Teerpappe liegt auch noch an.
Ja, allerhand ist lose auf der Neubaustelle, aber
immer noch sieht es gar nicht danach aus, daß ...
Im nächsten Moment ist ein alleinstehender, leicht
beschlipster Herr dem Gerüst aufs Dach gestiegen.
Ganz oben zieht er den Hut vorm wackligen Re-
genabfallrohr. Und was ihm sonst noch alles abzufallen scheint.
Für mutterlose Bolzen hat er sogar die Taschen auf dem rechten Fleck.

*»Issen in der Tasche,
Kollege?«*

Unten sagt Orje: »Tschö denn, ich hau in Sack!« Orje hat den
Rucksack voll. Dann ist die gescheckte Katze Junickens Dobermann zu dicht ums Maul gestrichen. Gleich wird sie geschnappt. Die Handvoll Kinder hat sich im Teerfaß eingelebt.
Ein Kind muß immer zur Untermiete wohnen. Das alte Mütterchen sucht weiter. Da müssen doch noch irgendwo Steinpilze
stehn ... Dafür hat Chingachgook längst alles beisammen. Ein
paar Streichhölzer werden gestrichen – nun geht eine Flamme
hoch. Keiner möchte die Hand bei ihr ins Feuer legen. Schließlich stoppt auch noch ein randvoller Rundfahrtbus ab. Alles ent-
leert sich nach außen, und ein Erklärer gibt den Senf dazu.
»Kolleginnenkollegen! Das ist eine Baustelle. Hier werden unsere Bürger wohnen. Und drüben, hochhoch, also, da wächst
bestimmt noch das Heizhaus empor. Brennen tut's schon.«
Viel ist los auf der Neubaustelle. Viel los und furchtbar viel
Leben. Passiert was? Nein, nichts!
Zuerst sah es gar nicht danach aus, daß später noch etwas in
Form eines Zwischenfalls passieren sollte. Um elf Uhr null
fünf ist dann doch etwas passiert. Um elf Uhr null fünf er-
wischt es Paulegon Putzer in Form eines herabfallenden Rohr-

knies am Hinterkopf. Tiefbetroffen zieht Paulegon die Mütze vorm Geschick und spricht: »Jaja – 's ist eben Freitag der Dreizehnte!«

Aber nein, nicht das Schicksal war's, nur's dumme eigene Verschulden! Denn warum muß der bauschaffende Paulegon Putzer freitags auch den Weg über die Baustelle nehmen, wo er im Rahmen seiner 4-Tage-Bauarbeitswoche man bloß in die Kneipe zum Skat will?

Der Neue

Herr Schlechterdinger betritt einen Feinkostladen. »Sie wünschen, bitte?« – »Eine Dose Kamtschatka-Krebs.« – »Bedaure, mein Herr, im Augenblick nicht am Lager. Aber wenn ich Sie auf unser ausgezeichnetes Angebot an alkoholischen Getränken hinweisen darf – wir haben 50 Sorten Spirituosen: Kyffhäuser-Barbarossalikör, Kakao mit Nuß, Wampe anderthalb ...« – »Besten Dank. Führen Sie Räucheraal?« – »Bedaure, aber, wie gesagt, wir haben 50 Sorten Spirituosen: Grüne Johanna, Echten Purzelpeter, Kahlkopfs Eierlikör.« – »Nein, nein, nein. Ein Glas Gewürzgurken könnte ich gebrauchen.« – »Bedaure erneut, mein Herr; doch ich wiederhole: Wir haben 50 Sorten Spirituosen: Nordhäuser Gerstenkorn, Jasmatzi Rum-Verschnitt, Cordial Macbeth ...« – »Genug!« schreit Herr Schlechterdinger und betet in heller Verzweiflung zum lieben Gott. Der erscheint in Gestalt des Verkaufsstellenleiters. »Irgendwelche Verstimmung, Beschwerden, mein Herr?« – »Allerdings!« brüllt Herr Schlechterdinger. »Ich frage nach Kamtschatka-Krebsen, und was empfiehlt mir dieser Verkäufer da? Wampe anderthalb! Ich verlange Räucheraal, statt dessen soll ich Purzelpeter trinken. Und als ich schließlich Gewürzgurken haben will, verweist diese Null von einem Verkäufer stur wie Oskar ein drittes Mal auf seine 50 Spirituosen-Sorten!« – »Verzeihen Sie tausendmal«, sagt da der Verkaufsstellenleiter mit einer saloppen Verbeugung. »Der betreffende Verkäufer ist neu. Ihm fehlt die richtige Übersicht. Selbstverständlich verfügt diese Verkaufsstelle über ein reichhaltiges Angebot. Wir führen nicht 50, sondern 75 Sorten Spirituosen: jugoslawischen Pflaumowitz, Melde-Aquamarin, Whisky im eigenen Saft ...«

Hansgeorg Stengel

Zu Ehren des 50. Jahrestages der Oktoberrevolution haben die Ruhlaer Uhrenbauer einen Wettbewerb um die beste Kuckucksuhr ausgerufen.
Dritter Preis: Ein Kuckuck kommt aus der Uhr und ruft »Lenin!«
Zweiter Preis: Der der Kuckuck ruft: »Hoch lebe Lenin!«
Erster Preis: Lenin guckt aus der Uhr und ruft »Kuckuck!«

Peter Gauglitz

Wegelagerer

Wortbeitrag zum Jahrestag der freihändigen Addition

Kunde: Guten Tag, Meister! Ich hoffe nicht gestört zu haben.

Meister: Sie haben 'ne Repratur, wo?

Kunde: Nein, Meister, ich hatte eine. Und Sie hatten die Güte, mir mit Ihrem vorzüglichen Gesellen beizuspringen, was folgende kleine Rechnung nach sich zog – wenn Sie mal einen Blick …

Meister: Klagen nimmt meine Frau entgegen. Sie is verreist.

Kunde: Es handelt sich um keine Klage, Meister, vielmehr …

Meister: Viel mehr berechnen wir nie, nur's Nötichste!

Kunde: … vielmehr um eine Klarstellung.

Meister: Was solln da nich klar sein? Ein Stücke Pumpenwarmluftmangel repariert. Links steht, wat dran jemacht worden wurde, und rechts, wosset macht. Wollnse noch mehr?

Kunde: Ich hätte gern gewußt, was dieses Wort Pos hier bedeuten soll.

Meister: Dis heißt janz einfach Position und is abjekürzt. Sie wissen wohl nich, wat 'ne Position is?

Ersatzteilzahlung

Kunde: Selbstredend, Meister, steht doch immer in der BZ GERA in Port Said, MS HALLE mit Kurs auf Spitzbergen …

Meister: Spitzberjen? Quatsch! Unsere Positionen verstehn sich laut Positionsliste – Sie ham wohl kein Dunst vonne Pumpenwarmluftmangelrepratur, wie?

Kunde: Bedaure unendlich. Ich sehe nur Pos und lauter Zahlen dahinter: eins, zwei, vierzehn, neununddreißig, achtzig …

Meister: Da steckt hinter jede 'n jut Stücke Arbeit dahinter, wie ausbaun, fetten, inbaun, sechs Schrauben jelöst, sechs Schrauben anjezogen, Klappern wechjemacht, Wejejeld …

Kunde: Wegegeld – wie ist das zu verstehen, bitte?

Meister: Dis is eine Position, welche wir immer haben – macht sechs Mark.

Kunde: Sie hatten aber doch gar keinen Weg, Meister.

Meister: Ick nich. Seh ick so aus? Mein Jeselle aba. Wat meinen Sie, wat der Junge sich tachsüba die Sohln abrennen muß!

Kunde: Ihr Geselle, werter Meister, wohnt direkt neben mir. Luftlinie zwanzig Meter.

Meister: Na, vleicht isser übern Rasen zu Sie jekomm. Oder von ein Kunden von weita draußen.

Kunde: Dann, Meister, hätte ja der andere Kunde die sechs Mark bezahlen müssen.

Meister: Hatta ja auch, bester Herr, bei uns zahlt nämlich jeda Kunde seine sechs Mark Wejejeld schon mal von wejen die Jerechtigkeit!

Kunde: Das finde ich – verzeihen Sie, Meister, gelinde gesagt – ungerecht.

Meister: Sie vleicht, aba die andern Kunden sind jlücklich, wenn mein Jeselle zu sie kommt, die jeben ihm noch ein extra Wejejeld mit aufn Zurückwech.

Kunde: Der dann dem nächsten Kunden mit auf die Rechnung geschrieben wird.

Meister: Wird, wird! Aba jut, Kolleje, bevor Sie den janzen Somma üba Pellkartoffeln frühstücken müssen – her mit die Rechnung!

Kunde: Bitte! Was machen Sie denn jetzt, Meister?

Meister: Ick mach die sechs Mark Wejejeld wech. Und berechne Sie statt dessen, statt dessen ... na, komm schon!, ach hier: Position elf a, sämtliche Bolzen anjelockert und nachjezogen. Dis macht zwar jenau sechs fuffzig, aba den Fuffziger laß ich Ihn nach.

Kunde: Nein, das möchte ich nun auch wieder nicht, Meister. Nein, niemals! Aber vielleicht haben Sie eine kleine Position für Nachlassen bei der Hand?

Meister: Nee, nich drin. Dafür werd ich Ihn aba einmal Wejejeld zusetzen, so, schon jeritzt! Krieg ich also noch sechs Mark von Ihn.

Kunde: Noch sechs Mark Wegegeld? Warum, Meister?

Meister: Von wegen die Jerechtichkeit – oda haben Sie sich etwa nich zu mir rüba aufn Wech jemacht?

»Ich hab ja für alles Verständnis, Otto, aber wenn du den Abmarsch zur Arbeit unserer Feierabendbrigade verschläfst, dann hört der Spaß auf!«

C. U. Wiesner

Frisör Kleinekorte
als Fels in der Brandung

Nehmse Platz, Herr Jeheimrat! Was gibsn Neues aufm Bau?
Wieder Nachtschicht jehabt? Also, ick bin neulich mal jefragt
worden, warum ick meine Stammkunden immer mit diese ste-
rilotypische Redensart begrüße. Dabei is dis nischt weiter wie
son Stücke züchologische Zauberformel. Nehmse Platz is klar:
Ick kann ja den Kunden nich im Stehn die Haare schneiden,
weil ick jar nich ranreiche. Herr Jeheimrat – dis gibt meinen
Salong son bißken jutbürgerlichen Glorienschein, und der
Kunde fühlt sich als was Besseres. Was gibsn Neues aufm Bau?
Dis is reine Höflichkeit von mir, denn der Kunde weiß meisten-
teils nischt Neues und läßt sich lieber dis Allerneuste von mir
erzählen. Wieder Nachtschicht jehabt? Dis trefft jewissermaßen
auf alle Brangschen zu und kann sich jeder was bei denken,
sojar der Dings vons Berliner Angzambel. Wenn ick den nämlich diese mehr so rhetortische Frage stelle, fühlt er sich ordentlich jebumfidelt, weil er an den Remmidemmi denkt, wo se
da manchmal bis nach Mitternacht abziehen und sich so schön
proletarisch anhört, wovor diese großen Künstler ja bekannt
sein sollen.

Was nu die richtigjehenden Arbeiter betrefft, da find ick mir sowieso nich mehr mang durch. Ick will ja nich meckern. Mut-
tern und ick ham unser Auskommen, 'n Fernseher und so, aber
was mir an unsern Staat ebent jar nich paßt, desse hierzulande nie wissen, wo der Arbeiter aufhört und der Intiljenzler an-
fängt. Die sollen doch mal halblang machen! Sehnse, der Arbeiter, dis is eine sojenannte Klasse, wo sich jahrhundertelang
entwickelt hat und immer Arbeiter jeblieben sind, und dis soll
sojar schon Karl Marx erfunden haben. Und was machen die
heute? Die setzen den Arbeiter einen Floh ins Ohr, deß er was
Besseres werden kann.

Glaubense nich? Ick könnte Sie mehr Beispiele aufzählen, wie
Sie Haare aufm Koppe ham, bloß hier aus unsere Straße. Nehmse doch Robert Köppen: Den seh ick noch wie heute als jungen Burschen mit seine olle Kaffeepulle inne Fabrik jehn. Nu
hamse ihm vorm paar Jahren erst zum Werkdirektor jemacht,
und vorigte Woche hamse ihm nu sojar mitten ins Ministerium
jesteckt. Nu frag ick Sie: Wozu hat denn der Mann erst Dreher

jelernt, wenn er nachher noch studieren muß, bloß damit se
ihm aus sein Fabrikmülijöh reißen können? Aber die da oben
sind ja selber schuld, wenn der Arbeiter immer höher hinaus
will.

Kuckense sich Jüffners an: Vor fümmenvierzig hatten die Jören
nich mal jeder ihr eigenes Bette und sind mit Holzpantinen in
mein Laden reinjeklotzt. Die hab ick manchmal aus lauter Mitleid vor umsonst die Haare jeschnitten. Und was kommt dabei
raus? Der eine is Schiffsoffezier jeworden, der andere Lehrer,
und die Jüngste hat 'n Zahnarzt jeheiratet! Irgendwo hat doch

alles seine Jrenzen. Aber den Sohn
von Professor Schnapka lassense
nich auf der Oberschule, weil er an-
jeblich zu faul is. Wundert Ihnen dis
etwa? Mir nich. Der kleine Schnapka kann es nu mal nich zu weiter
was bringen wie sein Pappa, also
reizt es ihm nich. Aber den Jungen
aus 'ne Arbeiterfamilie reizt es natürlich, Professor zu werden, weil ja
sein Oller nich Professor is. Hamse
schon mal sone verkehrte Welt jesehn?

Nehmse mal den Kopp 'n bißken
höher! Na jut, ick hab inne Süstemzeit auch für die Fürstenent-
eignung jestimmt, aber man muß doch wenigstens aufm Teppich bleiben und sein Herkommen nich verjessen! Ick will damit
nich sagen, deß jeder Arbeiter 'n Boofke is. Aber wenn einer
den janzen Tag anne Maschine steht und dis dröhnt und wum-
mert ihm inne Ohren, denn könnse ihm doch nich nach Feierabend inne Staatsoper scheuchen, mit er sich Johann Straußens
»Elektriker« anhört. Der Arbeiter will nu mal abends seine
Molle trinken und 'n Schkat spielen, aber nich nach Theater
rennen. Wer immerzu Häuserwände streicht, den könnse hinterher nich mit ein Streichquartett erfreuen.

Bei unsereinen is dis was anderes, weil der Beruf schon sone
Art Kunst mit sich bringt und man durch die Kundenjespräche
auch jeistig tätig is. Wissense, wie der Staat den Arbeiter pus-
siert und korramponiert, dis erinnert mir lebhaft an Schillers
Zauberlehrling, wo der erst die Jeister ruft, und nachher is dis
Kind in seine Arme mausetot, sozusagen ein Zirkus virtuosus,
wie der Lateiner sprecht. Is ja jut und richtig, deß der Arbei-

ter satt zu essen und anzuziehn hat, aber die Leute stellen doch immer mehr Ansprüche. Kuckense sich Fritze Ladenthin an: kommt vorigten Monat mit 'ne Jahresprämie von siebenhundert Piepen an. Na, sag ick, Fritze, da kannste ja im Blauen Affen 'ne Stubenlage geben. Denkste, sagt er, dis kommt alles morgen aufs Sparbuch, wir wollen nämlich im Mai nach Ungarn verreisen. Wie er draußen war, hab ick Herrn Kafforke, mein Jehülfen, erst mal stillschweigend 'n Zehnmarkschein zujesteckt. Man is ja kein Unmensch, aber die Jroßbetriebe verderben uns Selbständige einfach die Preise. Nach Ungarn! Früher sind Ladenthins höchstens mal auf irgend sone Kuhbläke jefahren, Jott, die hätten doch Ungarn nich mal auf die Landkarte jefunden. Nach Ungarn! Die sind doch bloß scharf auf Salami, weil sie nich mal die Wurscht von Fleischer Meusel mehr jut jenug is. Und inne Arbeitslosenzeit ham solche Leute beim Kauf anschreiben lassen. Die Kotletten schräg oder grade? Da heißt es immer, bei uns gibt's keine Vetternwirtschaft mehr. Aber denkense doch mal logisch: Die Arbeiter ham doch heute bis in die höchsten Stellen ihre Leute sitzen, dis weiß ick sojar aus Parteikreise. Und was hat dis zur Folge? Die passen jetzt auf, deß der Arbeiter bloß nich zu kurz kommt, oder was meinen Sie, wer den arbeitsfreien Sonnabend ausjeheckt hat, der sich gejen uns Frisöre richtet, weil es bei uns nu, wenn man Feierabend machen will, immer knüppeldickevoll im Laden wird. Könnse meine Jedankenjänge noch folgen? Die Regierung is ja irgendwo ein Fuchs und denkt sich bei alles was: Also, je besser der Arbeiter arbeiten tut, desto mehr Verjünstigungen schanzense ihm und seine Familie zu, bloß mit er jute Laune kriegt und noch besser arbeiten tut. Und denn kommse ihm mit neue Verjünstigungen – und Moment mal, wie ick heute nacht darüber stimuliert habe, wußt ick noch jenau, wo der Pferdefuß lag. Na, is ja auch egal, man wird ebent alt. Jedenfalls is an die Sache irgendwas faul, denn ick bin ja hellhörig. Was meinense, mit wieville alte Stammkunden man jar nich mehr richtig aufm Staat schimpfen kann! Die ham nich mal mehr daran Spaß und grinsen bloß noch über mir. Aber sollnse! Ick bin in diese Beziehung wie der Fels Petri mitten in die Brandung, trotzdem ick natürlich nie rauskehren würde, deß man im Jrunde was Besseres is wie son Arbeiter, und die Leute dreiste immer noch mit Herr Jeheimrat tituliere.

Anfrage an den Sender Jerewan: »Was ist der Unterschied zwischen einem Optimisten und einem Pessimisten?«
Antwort: »Der Optimist lernt Englisch, der Pessimist Chinesisch.«

Hansgeorg Stengel

Ein Herz und eine Seele

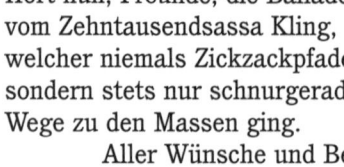

Hört nun, Freunde, die Ballade
vom Zehntausendsassa Kling,
welcher niemals Zickzackpfade,
sondern stets nur schnurgerade
Wege zu den Massen ging.
  Aller Wünsche und Beschwerden
  nahm sich Kling mit Eifer an.
  »Das Schlaraffenland auf Erden«,
  sagte Kling, »wird Wahrheit werden,
  denn ich helfe jedermann!«

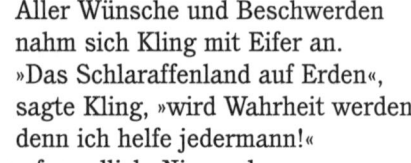

Kling war freundlich. Nie verdrossen.
Hing nicht stur am Formular.
Immer war er aufgeschlossen,
wenn den Bürgern und Genossen
Rat und Mut zu geben war.
  Lange vor der offiziellen
  Amtslokaleröffnungszeit
  pflegte Kling in tausend Fällen
  sich dem Publikum zu stellen.
  Er war flink und hilfsbereit.

Keinen hat er abgewiesen.
Jedem neigte er sein Ohr.
Alle, die ihn kannten, priesen
Klings so wundervoll präzisen
Arbeitsstil und Klings Humor.
  Kling versprach mit forscher Lippe
  Rheumakur, Gewerbeschein,
  Steuersenkung, Kinderkrippe
  und mehr Wohnraum. Keine Klippe
  machte Kling, dem Lotsen, Pein.

Er vermochte es tatsächlich,
daß ein Mensch, der Kummer litt,
mürrisch, stumpf war oder schwächlich,
nihilistisch und gebrechlich,
wieder froh durchs Leben schritt.
  Er verstand es, Sorgenfalten,
  Depressionen, Leid und Schmerz
  durch Versprechen auszuschalten.
  Zwar: Er hat nie Wort gehalten,
  doch er war ein Mensch mit Herz.

5. Kapitel

Heißer Sommer

Von Ostseestrand, Datsche und Jugendclubs ...

Sommerzeit ist auch **DEFA-Filmpremierenzeit**: Ein weiterer Indianerfilm mit Gojko Mitić, »Spur des Falken«, kann sich des Zuspruchs des Publikums sicher sein; aber der Sommerfilmhit 1968 heißt »Heißer Sommer«, heute ein Kultfilm – eine Musicalkomödie über die **Ferienerlebnisse** von Oberschülern an der Ostsee, mit Musik- und Tanzeinlagen, die einen Hauch West Side Story verströmen. Vater und Sohn **Natschinski** schreiben gemeinsam die spritzige Musik; mit den Schlagerstars **Chris Doerk** und **Frank Schöbel** ist der Film prominent besetzt: Die nette **Urlaubs- und Liebesgeschichte** enthält auch eine kleine Botschaft über die Verwerflichkeit von Egoismus sowie die Vorzüge gemeinschaftlichen Handelns. Um das gemeinschaftliche Handeln der **jungen Generation** geht es auch in den 1967 erlassenen »Zehn Grundsätzen der sozialistischen Jugendpolitik«. Die **Freie Deutsche Jugend** ist die einzige staatliche Jugendorganisation des Landes. Unter den zahlreichen Freizeitaktivitäten, die sie organisiert, erfreut sich besonders die neuentstandene **Singebewegung** großen Zulaufs. Gefördert wird auch der Ausbau von **Jugendclubs**. Daß es mancherorts Konkurrenz zwischen der **kirchlichen** und **staatlichen** Jugendarbeit gibt, ist nicht gern gesehen. Wie das laufen konnte, ist auf den nächsten Seiten in der Geschichte von Alfred Schiffers nachzulesen.

Johannes Conrad

Der Schauspieler

Meinen Urlaub verbrachte ich bei Tante Franziska und Onkel Eduard. Die haben so ein kleines Pfefferkuchenhaus am Stadtrand von Radeberg. Da, wo das bekannte Bier herkommt! Einmal während der drei Wochen, die ich dort im Liegestuhl unter Apfelbäumen schlummerte, gelang es Tante Franziska, fünf Flaschen Radeberger Pilsner zu organisieren. Sie kennt einen Fahrer, der bei der Brauerei beschäftigt ist. Es war Deputatbier. Den größten Teil davon hat dann Märzbacher gesoffen. Obwohl es am Siebenschläfer geregnet hatte und Tante Franziska jeden Tag prophezeite »Morgen wirds regnen!«, mußte ich dreimal hintereinander unerhörte Sonnenbrände erdulden, was Tante Franziska am Ende meines Urlaubs zu der Bemerkung hinriß: »Nicht einmal auf den Siebenschläfer kann man sich mehr verlassen!« So skeptisch war die arme Tante Franziska geworden! Ihr Menschen- und Weltbild hatte einen sogenannten Knacks bekommen. Daran war aber nicht das gute Wetter, sondern Märzbacher schuld. Noch in Berlin hatte ich ihm vorgeschlagen: »Wenn du etwas Natur schlucken willst und schon mal in Dresden bist, dann kannst du mich ja bei Tante Franziska besuchen!«

»Am zweiundzwanzigsten Juli segle ich an, alte Flasche«, versprach mir Märzbacher, der ein sehr geselliger Mensch ist. Unglückseligerweise fiel mir das schon am neunzehnten Juli wieder ein. »Am Samstag«, bemerkte ich so ganz beiläufig zu Tante Franziska, »wird mich mein Freund Märzbacher besuchen. Ich hoffe, ihr habt nichts dagegen!«

»Aber, Junge«, rief Onkel Eduard, der nach der Arbeit dauernd traurige Bücher liest und sich trotzdem in jedes Gespräch mischt, »wenn er dein Freund ist, dann ist er unser Freund. Ist er auch in deiner Abteilung beschäftigt?«

Etwas unwillig, weil Onkel Eduard die halbe Menschheit in meiner Abteilung vermutet, entgegnete ich: »Märzbacher ist Schauspieler!«

»Schauspieler?« schrie Tante Franziska und ließ die Ölflasche in den Gurkensalat fallen. Sofort stürzte Kusine Ilse ins Zimmer. »Ist er hübsch?« fragte sie gierig. Ein seltsames Mädchen!

»Schauspieler?« rief nun auch Onkel Eduard vorwurfsvoll und begann nervös zu hüsteln. »Aber, Junge, das hättest du doch

Onkel Edi stellt bei allen Schauspielern Ähnlichkeiten mit Professor Flimmrich fest.

eher sagen können. Dann hätte ich doch noch die Fensterläden
gestrichen!«

»Wozu denn das?« rief ich verwirrt.

»Dann muß ich morgen zum Friseur!« verkündete meine arme
Tante kategorisch.

»Friseur?« stotterte ich.

Meine Tante blickte mich strafend an. »Wenn uns doch ein
Schauspieler besucht!« rief sie.

»Ist er richtig beim Theater beschäftigt?« fragte meine Kusine
schrill.

»Natürlich! Manchmal macht er aber auch Funk und Fernsehen.«
Da mußte Tante Franziska fünfzehn Tropfen Baldri-
an auf Zucker nehmen. Die Katze miaute sofort idio-
tisch.

»Siehst du, Eduard«, jammerte Tante Franziska, »wir
hätten eben doch im Frühjahr den Maler bestellen
sollen. Wie sieht denn jetzt unsere Wohnung aus!«
Onkel Eduard weilte in einer anderen Welt. Er schien
erstarrt zu sein, in Stein verwandelt wie Lots Weib.
Plötzlich sprang er auf, schlug sich begeistert vor die
Stirn und hüstelte: »Märzbacher! Sieht er nicht dem
Professor Flimmrich ähnlich?« – »Quatsch!« fauchte
Tante Franziska, weil Onkel Edi bei allen Schauspielern Ähnlichkeiten mit Professor Flimmrich fest-
stellt. Onkel Edi legte den Zeigefinger auf die Nasenspitze und
blickte mir flehend in die Augen.

»Er nennt sich Kulwanne als Schauspieler«, erklärte ich. »Seine
Mutter heißt so, und als er angefangen hat, da gab's dort am
Theater schon einen Märzbacher!«

»Diese Schauspieler!« rief Tante Franziska mit rätselhaftem
Lächeln.

»Kulwanne?« kreischte meine Kusine. »Den habe ich schon oft
gesehen! Und der besucht uns?«

»Das ist doch so ein Spillriger mit Brille?« hüstelte Onkel Edi.

»Quatsch!« fauchte Tante Franziska empört. »Kulwanne ist dieser junge, stattliche Mensch mit der Igelfrisur!«

»Ja, er ist fett geworden«, warf ich bescheiden ein. Da durch-
bohrten sie mich alle drei mit messerscharfen Blicken. Und
dann begannen zwei turbulente Tage.

Als der erwartete Samstag anbrach, hatte Onkel Edi seine aus-
geblichenen Manchesterhosen abgelegt, was bei ihm sonst nur
Weihnachten vorkam. Er hüstelte entsetzlich, machte Jagd auf

Fliegen, die er eine nach der anderen brutal mit Fliegentod be-
sprühte, und fühlte sich in seinen Feiertagshosen überhaupt
nicht wohl.

Im Keller warteten die fünf Flaschen Radeberger Pilsner neben
einer Flasche echtem Weinbrand, einer Riesenerdbeerbowle,
mehreren Platten mit Aufschnitt und anderen Kleinigkeiten
auf Märzbacher. Tante Franziska hatte frisch Gardinen aufge-
steckt und sich eine äußerst fremdartige Dauerwelle zugelegt.
Kusine Ilse machte einen spitzen, klugen Mund und hatte ihre
geschmacklose Nylonbluse mit Rüschen an. Darunter trug sie
die neue, dunkelblaue Geburtstagsunterwäsche. Das sah man
durch die Nylonbluse. Ein sonderbares Mädchen! Im ganzen
Haus roch es nach Fliegentod und Bohnerwachs. Ich glaube,
Tante Franziska hatte sogar die Bilderrahmen gebohnert.

Gegen Mittag, als Onkel Edi sämtliche Fliegen, die nicht auf
den frischgestrichenen Fensterläden ihr Leben aushauchten,
vernichtet und uns alle schon fast wahnsinnig gehüstelt hatte,
kam Heini Märzbacher anmarschiert: fett, rot, verschwitzt, strahlend und fußmüde. »Auto hat er keins«,
flüsterte Tante Franziska etwas enttäuscht. Sorgfältig
teilte Märzbacher einen mageren Strauß Butterblumen, die er unterwegs gepflückt haben mußte, in zwei Teile.
Zwölf Butterblumen bekam Tante Franziska, die nun dauernd
rief: »Aber das war doch nicht nötig, Herr Kulwanne, das war
doch nicht nötig!« Zwölf Butterblumen bekam Ilse. Sie wurde
feuerrot und hauchte nur: »Oh!« Ein merkwürdiges Mädchen!
Als Märzbacher eine winzige Schachtel Konfekt ans Tageslicht
zog, schien es mir, als würde Tante Franziska vor Glück verrückt. Onkel Edi bekam vom Schauspieler einen festen Händedruck. Onkel Edi hüstelte gerührt.

Der Schauspieler nahm Platz und fühlte sich sofort zu Hause.
Er hatte die Jacke ausgezogen, kraulte die Katze mit seinen dik-
ken Wurstfingern und steckte sich eine Karo an. Die Karo ver-
setzte Tante Franziska den ersten Knacks.

»Sü sünd Katzenlübhabör?« fragte Ilse mit gespitztem Mund
und verleugnete ihren Heimatdialekt.

»Wie man's nimmt«, rief Märzbacher und lachte meckernd.

Ilses Mund wurde noch spitzer. »Öst Öhr Hörr Vatör auch
Schauspüler?« fragte sie vornehm. Das gute Mädchen ahnte
nicht, daß Märzbacher manchmal so schauderhaft berlinert,
daß selbst die abgebrühtesten Ureinwohner Berlins vom Grau-
en gepackt die Flucht ergriffen!

Macht der Willi Schwabe das
mit der Rumpelkammer eigentlich zu Hause auf seinem Boden?

»Nee, nee«, lachte Märzbacher, »der ist Schlosser, Reparaturschlosser im RAW Obaschöneweide!« Das schien Tante Franziska den zweiten Knacks zu versetzen. Onkel Edi hüstelte heftig, beugte sich vertraulich zu Märzbacher und flüsterte geheimnisvoll: »Herr Kulwanne, mal eine ganz intime Frage: Der Schwabe Willi, macht der das eigentlich zu Hause auf seinem Boden – oder ist da im Fernsehen diese Rumpelkammer künstlich aufgebaut?«

»Aber Papa!« rief Ilse und wurde rot.

»Na und?« bellte Onkel Edi wütend.

Märzbacher, der schon drei Flaschen Radeberger getrunken hatte, glänzte rötlich. »Alles künstlich, Herr Neuhaus«, rief er heiter. Triumphierend blickte Onkel Edi reihum.

Märzbacher hatte natürlich auch keine Hemmungen beim Essen. Kusine Ilse sprach immer noch fein. Nur etwas schneller. Märzbacher kaute und strahlte.

Den dritten Knacks bekam Tante Franziska, als er erklärte, daß er über das Laienspiel zum Theater gekommen sei. Onkel Edi, der fleißig Weinbrand trank, Märzbachers Karo rauchte und die strafenden Blicke Tante Franziskas ignorierte, strahlte den Schauspieler liebevoll an und hüstelte nicht mehr.

»Schade, es ist schon jemand drin!«

Später wurde es noch sehr lustig. Als Märzbacher bei der Erdbeerbowle mehrmals aufstoßen mußte, bekam Tante Franziska ihren vierten Knacks. Es folgten dann noch mehrere. Auch Ilse sprach nicht mehr fein, sondern ihr tiefstes Sächsisch. Mit glasigen, verliebten Augen stierte sie dabei unentwegt in Märzbachers rotes Gesicht. Ein eigenartiges Mädchen! Onkel Edi brachte zwar immer wieder die Rumpelkammer ins Gespräch. aber das störte keinen mehr.

Singend schaukelte Märzbacher dann durch die stille Landnacht zum letzten Bus. »Laß dich bald mal wieder sehen, Heinrich, altes Haus!« brüllte ihm Onkel Edi selig nach.

»Aber bestimmt, mein Junge«, krähte Märzbacher. Man hörte ihn noch lange singen. Kusine Ilse kicherte beschwipst, und Onkel Eduard bekam den Schluckauf. Nur Tante Franziska schüttelte immer wieder den dauergewellten Kopf. »Ein völlig normaler Mensch ...«, flüsterte sie erschüttert, »ein völlig normaler Mensch!« Dann gingen wir ins Bett.

Ottokar Domma

In der Jugendherberge

Wenn die schöne Sommerzeit naht, dann überkommt uns die Wanderlust, die Abenteuerlust und andere Lüste, und man muß sie organisieren und regeln. Zum Beispiel in einer Jugendherberge. Vielleicht muß man erst einmal aufklären und fragen, was ist das?

Eine Jugendherberge ist entweder ein altes Schloß oder ein Landhaus von einem abgehauenen Burschoaaß oder eine alte Kneipe oder ein Haus von einem schon lange dahingeblichenen Förster oder ein anderes geheimnisvolles Gebäude. Es gibt auch neue Jugendherbergen, aber sie sind sehr selten und nicht so interessant. Eine Jugendherberge ist für die Jugend, für die älteren Leute gibt es Hotels und Altersherbergen, die man auch Feierabendheime nennt. Von den Älteren dürfen nur dann welche in eine Jugendherberge hinein, wenn sie Jugendleiter oder Aufsichtspersonen sind. Man erkennt sie meistens daran, indem die Männer kurze Hosen und die Frauen lange Hosen anziehen, damit sie zwischen uns nicht so auffallen. Aber sie können sich doch nicht so gut verstellen, weil sie rauchen und Bier trinken.

Man soll niemals ein verliebtes Paar auf eine Jugendherberge loslassen, sondern nur verheiratete Paare.

Jetzt kommen die Vorschriften. Man darf nicht denken, daß man einfach draufloswandert und in eine Jugendherberge hineingeht und spricht: Wir wollen hier schlafen. Wer das denkt, verfällt in mehrere Irrtümer. Denn wenn man in eine Jugendherberge will, muß man sich am besten ein Jahr vorher anmelden. Mein Freund Harald sagt, man nennt das auch eine prognostizistische Planung, und das heißt auf deutsch, der Mensch muß wissen, wo er später hin will. Wenn wir zum Beispiel in die Jugendherberge Wassermühle wollen, dann müssen wir dorthin eine Weihnachtskarte schicken und fragen, ob es geht. Die Antwort lautet dann, es geht am 17. und 18. Juli. Jetzt muß man berechnen, wie weit man nachher wandert, und an die nächste Jugendherberge »Zum schwarzen See« schreiben, ob wir vielleicht am 19. und 20. Juli dort übernachten können. Meistens klappt es nicht, und man muß jetzt einen anderen Wanderweg suchen, zum Beispiel zum »Fichtelhaus«. Wenn jetzt das »Fichtelhaus« schreibt, es geht nicht am 19. und 20., sondern erst am 22. und 23. Juli, dann ist das schon ein Fortschritt. Man muß jetzt nur noch herauskriegen, wo wir zwischendurch schlafen, und man kann zum Beispiel an die Schule in Bachhausen schreiben. Wenn jetzt der Herr Direktor antwortet, daß es nicht geht, weil die Schule renoviert wird, muß man nicht gleich die Flinten ins Korn schmeißen, sondern noch einmal an die »Wassermühle« schreiben, ob es sich am 24. und 25. Juli einrichten läßt. Manchmal klappt es, und die Antwort lautet, wenn die Wandergruppe in Magdeburg einverstanden ist, dann kann man tauschen, und das beste wird sein, wir schreiben selbst an die Magdeburger. Und so geht es weiter. Deshalb muß man sich so früh anmelden.

Für diese schwere Arbeit ist unser Herr Lehrer Kurz angestellt. Dafür darf er nachher zur Kur, wogegen uns meistens der Herr Burschelmann und das Fräulein Heidenröslein begleiten. Wir nehmen aber vorsichtshalber Zelte mit, denn man weiß nicht, ob andere Wandergruppen auch so prognostizistisch denken wie wir. Auch sagt unser Herr Burschelmann vor jeder Wanderung, daß er vor einer Apotheke Pferde gesehen hat, welche sich übergeben mußten. Darum nehmen wir auch die Jungen Sanitäter mit.

Jetzt noch ein paar Vorschriften. Eine Jugendherberge ist eingeteilt in Knaben und Mädchengemächer. Auch schlafen die Erwachsenen mit getrennten Geschlechtern. Das muß so sein, weil ein Knabe ja auch nicht auf eine Mädchentoilette geht. Einmal waren wir in der Jugendherberge »Sägemühle«. Wir haben gerade auf dem Hof Kartoffeln geschält, als eine neue Gruppe ankam. Sie wurden gleich eingeteilt, die Mädchen nach links und die Knaben nach rechts. Jetzt fragte ein Herr mit kurzen Hosen, ob er mit seiner Verlobten in das kleine Zimmerchen darf. Die Frau Herbergsmutter sprach: Das kleine Zimmerchen ist für Kranke, und es ist gegen die Vorschrift. Der Herr mit den kurzen Hosen antwortete, daß es leer ist, und wenn was passiert, dann zieht er gleich aus. Die Herbergsmutter antwortete, das ist gegen die Vorschrift, und sie kann nicht riechen, wer ein verlobtes Paar ist. Die Frau Verlobte hat sich jetzt an den Herrn geschmiert, damit alle sehen, wie sie sich lieben. Aber es hat nichts genutzt, weil die Vorschriften mächtiger sind. Deshalb soll man niemals ein verliebtes Paar auf eine Jugendherberge loslassen, sondern nur verheiratete Paare. Und sie sind nicht so wild auf ein Extrazimmer, weil sie sich alle Tage sehen.

Es gibt noch andere Erlebnisse und Aufregungen. Zum Beispiel muß man vorher wissen, ob alle das gleiche essen kön-

Vielleicht war der Werbellinsee Ottokars Reiseziel – eine von rund 250 Jugendherbergen in der DDR.

nen wie wir, und es darf keinen Unterschied geben zwischen Wanderknaben und Wandermännern oder Wandermädchen und Wanderfrauen. Einmal war unser Fräulein Bella Kohl mit und sprach, daß sie die Kartoffelsuppe nicht ißt. Und sie geht lieber ins Gasthaus. Unser Herr Luschmil entdeckte jetzt seinen kranken Magen und ging mit. Als sie wiederkamen, erzählten sie von einem mächtigen Eisbein, und es kostete bloß 2,40 Mark. Aber unser Herr Burschelmann, welcher mit uns um die Wette gegessen hat, sagte bloß, darüber wird er später noch einmal sprechen. Seitdem sind Fräulein Bella Kohl und Herr Luschmil nicht mehr mitgewandert; denn man muß Rücksicht auf ihre Krankheiten nehmen.

Auch ist es Vorschrift, in der Nacht zu schlafen. Es kann aber auch passieren, daß gerade ein Musikansambel in der Herberge übernachtet, welches ein Konzert gibt. Dies kann bestehen aus Sternchen, Kofferheulen, Gesang, Trampeln und Quietschen. Einmal sagte unser Herr Pionierleiter zu einem Herrn Ansambelleiter: Lieber Jugendfreund, die Kinder wollen oben schlafen. Und der Herr Ansambelleiter antwortete: Lieber Opa, erzähl ihnen ein Märchen, dann schlafen sie besser.

Als unser Herr Pilei die Antwort mitteilte, sagte mein Freund Harald zu mir, man muß was unternehmen. Ich sprach, daß wir gleich anfangen, bevor die Herbergsmutter vom Kino zurück ist. Wir nahmen ein paar Gefäße und eine Taschenlampe und schlichen hinaus. In das eine Gefäß sammelten wir draußen Kletten und in das andere Gefäß Froscheier.

Dann verteilten wir sie in den Betten des Ansambelzimmers. Danach drehten wir die Sicherungen raus und versteckten sie. Erst gab es ein großes Geschimpfe, aber dann schrie der Herr Ansambelleiter, wir gehen schlafen und machen morgen weiter. Ein bißchen später hörten wir sie noch einmal fürchterlich schreien und quietschten. Wir schraubten dann die Sicherungen wieder ein, und es hat uns niemand entdeckt.

Am nächsten Tag bekamen die lauten Musikfreunde einen Herbergsverweis und mein Freund Harald und ich den Auftrag, die Herberge nebst Betten wieder sauberzumachen. Denn es ist Vorschrift, Froscheier im Teich zu lassen.

> Es gab großes Geschimpfe.
> Wir schraubten die Sicherungen wieder rein, und es hat uns niemand entdeckt.

Eulenspiegeleien

»Haben wir nun auch für jeden Bekannten etwas?«

Schulzes kämpfen auf dem Bansiner Zeltplatz ständig gegen Mücken. Als es dunkel wird, kommen ein paar Glühwürmchen angeflogen. »Bloß weg!« sagt Herr Schulze, »jetzt suchen uns die Biester schon mit Taschenlampen!«

»Spielen Sie Skat?«

»Siegbert, mach das Gummitier los! Es ist schon wieder ein Fremder auf unserem Grundstück!«

Zwei Sachsen wollen in die Sowjetunion reisen. »Wo wolln morr denn hinmachen?« – »Am liebsdn nach Daschgend.« – »Weeßdn da dähn Wääch?« – »Da mußch mal im Addlas nachguggn.« Er schaut nach und sagt: »Nu ja ... Bis Dräsdn weeßchn jädz ... awwer dahinder dehnd sich's mächdich ...«

Lothar Kusche

Der erzieherische Aussichtsturm

Im Ferienheim hatten wir Brinkwalt kennengelernt, und da niemand ununterbrochen entweder baden oder Tischtennis beziehungsweise Halma spielen kann, sagte Brinkwalt eines Tages: »Hier in der Nähe ist der Franz-Friedbert-Turm. Von oben soll man eine wunderbare Aussicht haben; wollen wir nicht mal hingehn?«

»Fahrstuhl?« fragte meine Frau, aber darüber konnte Brinkwalt keine Auskunft geben. »Was soll man von da oben schon sehen?« sagte sie. »Dasselbe wie von unten! Bloß eben von oben.«

»Ja«, sagte Brinkwalt, »so ungefähr wird es sein.«

Meine Frau wandte sich wortlos wieder dem Halmaspiel zu, und Brinkwalt und ich gingen allein zum Franz-Friedbert-Turm. Es war ein schöner Weg durch den Mischwald, am See entlang, und wir waren gespannt, wie das alles von oben aussehen würde. Der Turm war eingezäunt, am Zaun fand sich ein Schild mit der Aufschrift: »Übersteigen des Zaunes verboten. Die Turmleitung.« Daneben informierte ein Plakat: »Eingang dort!« Und dort stand über der Tür geschrieben: »Eingang hier!« Hier gingen wir vorschriftsmäßig hinein. Es gab da so eine kleine Bude mit der Aufschrift: »Ausgabe der Einlaßkarten und des Turmschlüssels«, und wir holten uns beides aus der Bude von einem alten Mann, der wahrscheinlich die Turmleitung repräsentierte. An der Tür des Turms erwartete uns eine weitere schriftliche Information: »Nach Verlassen des Turms ist der Turmschlüssel wieder bei der Ausgabe des Turmschlüssels abzugeben!« Wir nahmen uns ganz fest vor, entsprechend zu verfahren, und begannen die Wendeltreppe emporzusteigen. Im ersten Stock befand sich eine Tür: »Privat. Eintritt untersagt.« Da kletterten wir weiter nach oben, bis das Treppenhaus niedriger wurde, jedoch nicht dermaßen niedrig, daß nicht ein Plakat Platz gehabt hätte: »Das Nichteinziehen der Köpfe erfolgt auf eigene Gefahr. Die Turmleitung.«

Brinkwalt sagte: »Haben Sie Ihren Kopf mit?«

»Der ist längst eingezogen«, antwortete ich.

Im dritten Stock waren ein paar Fenster. »Diese Fenster haben geschlossen zu bleiben!« rief ein Schild, und sie blieben auch

Das Nichteinziehen der Köpfe erfolgt auf eigene Gefahr.

geschlossen, erstens, weil das Schild es so wollte, und zweitens, weil keine Riegel an den Fenstern waren.

So kamen wir im vierten und letzten Stock zu einer Tür. Hier gab es keine Fenster, und es war halbdunkel. »Das scheint eine Tür zu sein«, sagte ich, »aber ich weiß nicht genau, ob es wirklich eine Tür ist. Steht nichts dran?«

Brinkwalt beleuchtete mit seiner Taschenlampe einen vergilbten Karton, auf dem wir lesen konnten: »Tür zur Aussichtsplattform. Nicht offenstehen lassen! Bedenket, daß diese Tür allen gehört! Die Turmleitung.«

»Wollen wir diese Tür mitnehmen?« fragte Brinkwalt. »Sie gehört allen.«

»Sie legen das vulgär aus«, sagte ich, »und außerdem würde die Tür, wenn wir sie mitnähmen, offenstehen, und das soll sie nicht.«

»Eine Tür, die nicht mehr da ist, kann doch nicht offenstehen? Oder? Aber gehn wir mal hinaus.«

Und blitzartig schlüpften wir auf die Aussichtsplattform, die Tür sofort hinter uns verschließend. Die Plattform lief um den ganzen Franz-Friedbert-Turm herum, und die Brüstung trug ein großes Schild mit folgendem Text: »Wer sich hier hinüberlehnt, gefährdet sich und die Brüstung, die allen gehört. Das Hinabwerfen von Gegenständen und Personen ist verboten. Spucken Sie zu Hause vielleicht auch vom Balkon? Na also. Die Turmleitung.«

Ich blickte zurück und entdeckte an der Regenrinne der Turmspitze eine Schrifttafel: »Vorsicht vor herabfallenden Dachziegeln!« Brinkwalt, der das auch gelesen hatte, nahm meinen Arm und zog mich wieder ins Innere des Turms, und so rasch es die Wendeltreppe erlaubte, eilten wir hinab.

Nach der Abgabe des Turmschlüssels bei der Ausgabe des Turmschlüssels wollte ich aus reinem Oppositionsgeist über den Zaun steigen, doch Brinkwalt hinderte mich daran. Wir gingen stumm durch den Wald, und er sagte nur einmal: »Wer auf Ordnung hält, hält zunächst darauf, daß andere auf Ordnung halten.«

Im Ferienheim fragte meine Frau: »Na, wie war die Aussicht?«

»Welche Aussicht denn?« sagte Brinkwalt erstaunt.

Alfred Schiffers

Völlig unverständlich

Es ist manchmal schon ein Kreuz mit der Jugend, ihr lieben
Leute, wirklich. Nicht allgemein, nein, das möchte ich nicht behaupten. Aber soll einem Menschen wie mir, noch dazu einem
fortschrittlichen, etwa nicht der Hut hochgehen, wenn er mit-
ansehen muß, daß diese Rasselbande von Halbwüchsigen
nichts, aber reinweg auch gar nichts mit sich und der Welt an-
zufangen weiß? Darf man da zusehen, ihr lieben Leute? Na
bitte!

Vergangenen Sonnabendabend lungerten sie wieder neben dem
Kneipeneingang herum. Zwanzig bis dreißig Männlein und
Weiblein. Im Durchschnitt siebzehn bis achtzehn; ein paar
mögen jünger, ein paar mögen älter sein. Etliche saßen auf
ihren Fahrrädern und verrenkten sich die Glieder

Unsere Dorfstraßen waren wie leergefegt. Kein Fahrrad, kein Feuerstuhl,
keine Heule, kein Knutschen, nichts.

dabei, zwei oder drei rauchten, die Mädchen ki-
cherten und drehten sich wie Eiskunstläuferinnen
im Kreise, so daß ihre ohnehin ziemlich kurzen
Röcke noch um ein paar Handbreit kürzer wurden. Außerdem
mußte ich mit ansehen, wie der Sohn eines ehrbaren Bäcker-
meisters der Tochter des Eisenbahners Eisenhuth einen Kuß
verabfolgte und daß der ansonsten recht bescheidene Schlos-
serlehrling Klaus Krebs mit der zugegebenermaßen hübschen
Ilona Rübchen auf dem Moped auf und davon fuhr.

Ein Glück, daß ich an diesem Abend den Bürgermeister antraf.
»So geht es allemal nicht weiter!« beschwor ich ihn. »Unsere
Jugend lungert herum, übt sich unter den Augen der Öffentlich-
keit im Knutschen, und die ›Fortgeschrittenen‹ fahren sogar per
Moped ins Grüne. Wir müssen was unternehmen! Als Mitglied
des Gemeinderates habe ich einen Vorschlag zu unterbreiten,
der diesen unhaltbaren Zustand im Dorf ratzekahl beseitigt!«
Bereits am nächsten Mittag prangte unser gemeinsam entwor-
fenes Schild neben der Kneipentür:
»Achtung, Jugendliche des Ortes! Mal herhören!
In Anbetracht der sich ständig und kontinuierlich weiterentwik-
kelnden Gesellschaft und der daraus resultierenden Probleme
zwecks umfassender Lösung auf uns zukommender Aufgaben
in perspektivischer Hinsicht veranstaltet der Gemeinderat unserer Gemeinde am 29. Juli dieses Jahres um 20.00 Uhr im Gemeindehaus einen Großen Jugendabend unter dem Thema: Die

Verantwortung der älteren Generation im Gegensatz zu unseren Jugendlichen sowohl Jungen als auch Mädchen bei voller Anerkennung des ihr gebührenden Platzes im Leben der Familie wie der Gesellschaft unter Hinzuziehung ihrer speziellen Fähigkeiten dank eines umfassenden schulischen Wissensfundamentes hinsichtlich der Heranbildung der die Zukunft meisternden Generation. Es spricht das Gemeinderatsmitglied Karl Pfeiffer, rechtzeitiges Erscheinen sichert die besten Plätze, der Gemeinderat.«

Und am 29. Juli, schon lange vor acht, ihr lieben Leute, waren unsere Dorfstraßen wie leergefegt. Jugendfrei bis in den letzten Winkel! Kein Fahrrad, kein Feuerstuhl, keine Heule, kein Knutschen, nichts. Und nicht, daß ihr denkt, Leute, die Jungen und Mädchen wären des Regens wegen zu Hause geblieben! Nichts dergleichen. Allerdings muß ich zugeben, daß sie auch nicht im Gemeindehaus saßen. Aus uns völlig unverständlichen Gründen waren sie allesamt in die Stadt gedonnert, um zu tanzen!

Und am Sonnabend darauf?

Am Sonnabend darauf, schon lange vor acht, ihr lieben Leute, zeigten sich unsere Dorfstraßen abermals wie leergefegt. Und nicht, daß ihr diesmal denkt, Leute,

»Nu laß mal zuerst die Erwachsenen ran!«

die Hallodris tanzten schon wieder in der Stadt: Im Pfarramt saßen sie! Nichts gegen unseren lieben Herrn Pfarrer, ihr lieben Leute. Aber wenn man bedenkt, daß über vierzig Jungen und Mädchen einem winzigen Anschlag folgten, auf welchem – und noch dazu in Handschrift!! – weiter nichts zu lesen stand als: »Liebe Mädchen und Jungen! Am 5. August um 20 Uhr wollen wir uns im Pfarramt einmal ungezwungen über ›Jugend und Liebe‹ unterhalten. Ihr seid alle herzlich eingeladen. Der Pfarrer« – so kann ich nur sagen: Da kenne sich noch einer mit der Jugend aus!

John Stave

Sonntagsrückfahrkarte

Ich hatte vergessen, mir eine Sonntagsrückfahrkarte zu lösen,
kam also auf dem sogenannten Zielbahnhof an und begab mich
sofort an den Schalter.

»Ich habe leider vergessen, mir gleich eine Rückfahrkarte zu
lösen«, begann ich stockend. Die junge Dame blickte streng
aus ihrem Schalterloch.

»Es ist wegen der Rückfahrt«, begann ich von neuem. »Sie verstehen doch? Man setzt sich in einen Zug und fährt irgendwohin.«

»Da müssen Sie viel Zeit haben«, sagte die junge Dame kalt
und hantierte mit ihrem Fahrkartendruckautomaten.

»Nicht doch«, entgegnete ich leise. »Irgendwohin habe ich nur
so dahingesagt. Ich hätte auch eine Stadt nennen können. Bei-

»Da hat doch ein Kolle-
ge den Tender nach hin-
ten rangiert!«

spielsweise Treuenbrietzen oder vielleicht sogar äh Petershagen.« – »Nach Petershagen verkehrt seit zirka zwei Jahren
überhaupt kein Zug mehr!« – »Ich will doch auch gar nicht
nach Petershagen. Das war nur ein Beispiel.« – »Wohin wollen Sie also?« – »Verstehen Sie doch endlich: Ich will nirgend-
wo hin, ich will nur zurück!« – »Wohin wollen Sie zurück?« –
»Nicht wohin zurück! Nur zurück. Hin, das ist ja hier! Ich verstehe nicht, daß Sie das nicht verstehen.« – »Ich verstehe
schon sehr gut. Sie sind also hergefahren mit einer Herfahrkarte.« – »Mit einer Hinfahrkarte!« – »Schön. Und nun wollen
Sie eine Rückfahrkarte. Wohin?« – »Woher!« – »Ja, gut, sagen
Sie's schon!« – »Fragen Sie erst.« – »Will ich eine Fahrkarte

oder Sie?« – »Doch wohl ich! Ich bin Benutzer Ihrer Bahnein-
richtung, während Sie eine Angestellte sind, die mir die Be-
nutzung zu ermöglichen hat!« – »Also gut. Woher wollen Sie
eine Rückfahrkarte?« – »Aus Berlin.« – »Macht dreizwanzig.«
– »Nein, das ist es ja. Lassen Sie Ihre Maschine! Durch den
Kauf einer Hin- und Rückfahrkarte spare ich doch etwas ein.
Dreiunddreißigeindrittel! Weil es verbilligt ist am Sonntag.
Nun habe ich aber durch ein Versehen nur eine Herfahrkarte
gelöst.« – »Eine Hinfahrkarte!« – »Ja. Sie bringen mich schon
ganz durcheinander. Nun möchte ich den zweiten Teil der
Karte, also die Hinfahrkarte, nein, die Wiederhinfahrkarte für
die Rückfahrt, diesen Teil also – äh lösen, damit ich in diesen
verbilligten Genuß gelangen kann.« – »Das geht leider nicht,
weil Sie, laut Vorschrift, die Rück- und Hinfahrkarte am sel-
ben Schalter und auf einmal erwerben müssen. Am besten
wäre ...« – »Am besten wäre?« – »Am besten wäre schon, Sie
fahren nach Berlin zurück und lösen sich dort eine genaue
Fahrkarte.« – »Jawohl. Und damit der Verlust nicht so groß
wird, da geben Sie mir jetzt gleich eine Hin- und Rückfahrkarte, dann brauch ich nachher bei Ihnen nur noch eine einfache
Karte zu lösen.« – »Sehr gut.« – »Das ist's ja, was ich immer
sage: ein bißchen nachdenken, dann geht's auf einmal wie geschmiert. Also dann: Auf Wiedersehen!« – »Auf Wiedersehen
und gute Reise!« – »Und nochmals vielen Dank für Ihre Unter-
stützung!« – »Ich tu doch nur meine Pflicht.«

Anfrage an den Sen-
der Jerewan:
»Stimmt es, daß die
DDR mit Volldampf
zum Sozialismus
steuert?«
Antwort: »Im Prin-
zip ja! Gegenwärtig
benötigt sie den
meisten Dampf zum
Tuten.«

Arbeitsteilung

»Du, Otto, meine Frau und ich, wir nutzen unsere Freizeit sinn-
voll! Wir basteln.«
»Wat bastelt ihr denn?«
»Kleine Segelschiffe in Schnapsflaschen fürn Kunstgewerbe-
laden.«
»Das ist sicherlich gar nich so einfach.«
»Stimmt. Besonders für mich. Meine Frau bastelt so schnell,
daß ich mit dem Austrinken der Flaschen kaum mitkomme.«

Jochen Petersdorf

Rudi Strahl

Zurück zur Natur

Beim Aufräumen der Kramschublade fiel ihnen ein Foto in die Hände. Es zeigte einen leicht verwackelten Sonnenuntergang, ein bißchen Meer und ihr winziges Zelt, vor dem sie gerade Kartoffeln schälte und er einem Fisch den Bauch aufschlitzte.

Sie betrachteten das Bild in froher Erinnerung und einem zarten Anflug von Melancholie – immerhin waren seit der Aufnahme sieben Jahre vergangen. Sie seufzte entsprechend und meinte: »Das waren unsere letzten Ferien im Zelt, nicht?«

Er nickte nachdenklich. Doch plötzlich sprang er auf und rief in jähem, begeistertem Einfall: »Warum eigentlich? Warum sollten es die letzten gewesen sein? Schließlich sind wir noch keine vierzig, Liebling! Gewiß waren auch die Ferien der letzten Jahre sehr schön, aber so waren sie nie! So natürlich, so einfach, und überhaupt … Man ist heute viel zu verwöhnt. Warum eigentlich? Und unser Zelt haben wir noch! Also …«

Aber für das Geld hätten wir auch nach Kuba fahren können!

Sie schaute ihn mit großen Augen an. Aber er rannte schon die Bodentreppe hinauf und jubelte: »Zurück zur Natur! Wird das ein Urlaub!«

Das Zelt roch ein wenig nach Mottenpulver, aber es war heil und ganz. Er stellte es probeweise im Wohnzimmer auf, wobei er abwechselnd Wanderlieder sang, den Triumphmarsch aus »Aida« pfiff und darüber meditierte, um wieviel gesünder und erholsamer man früher die Ferien verbracht habe. Schwarzes Meer und Hohe Tatra, Bad Blankenburg und Ahrenshoop – alles schön und gut, aber eben nicht das! Sie mußte ihn mit sanfter Gewalt davon abbringen, die Zeltheringe ins gebohnerte Parkett zu schlagen. So begeistert war er. Und probeweise wollte er gleich diese Nacht im Zelt schlafen.

»Wir haben doch gar kein Stroh«, sagte sie lächelnd.

»Stroh? Wozu?«

»Wir haben immer auf Stroh geschlafen«, erinnerte sie ihn, »manchmal auch auf Heu, aber den Geruch mochtest du nicht. Und Laub fandest du zu feucht …«

»Ach ja«, sagte er verblüfft. »Ja, natürlich …«

Nach kurzem Überlegen murmelte er, ohne sie oder das Zelt direkt anzuschauen: »Eigentlich könnten wir ja auch die Luftmatratzen mitnehmen. Wir sind keine zwanzig mehr. Ich fahre rasch mal in den Garten und hole sie!«

Leider paßte nicht einmal eine ins Zelt. Als sie über sein vergebliches Mühen kichern mußte, sagte er leicht unwirsch: »Fang bitte nicht wieder so an! Hilf mir lieber! Oder ob das Zelt eingelaufen ist? Kriech mal mit hinein!«

Im Innern des Zeltes roch es stärker nach Mottenpulver. Er nieste und sprach dann überzeugt: »Natürlich ist es eingelaufen. Früher haben wir doch sogar die Räder mit hineingenommen! Und trotzdem hatten wir mehr Platz. Komisch, nicht?«

Sie nickte zaghaft, wagte aber nur ganz, ganz leise zu lächeln.

»Apropos Fahrräder«, sagte sie ablenkend, »wir haben doch gar keine mehr. Willst du extra neue kaufen?«

Er räusperte sich irritiert und erklärte dann entschlossen: »Aber nein. Wir sollten nichts übertreiben. Es wäre direkt snobistisch, mit Rädern zu fahren, wenn man ein Auto hat. Statt der Räder« – er holte tief Luft – »kaufen wir lieber ein neues Zelt!« –

Es war, schlicht gesagt, wunderhübsch. Ins Wohnzimmer

Kein Bett im Kornfeld, sondern Ulk, Spaß und Liebe in den Ferien an der Ostsee: 1968 hat der DEFA-Musikfilm »Heißer Sommer« Premiere. In den Hauptrollen Frank Schöbel als Kai und Chris Doerk als Stupsi.

hätte es freilich nicht hineingepaßt. Das ist ja auch nicht der Sinn und Zweck eines Hauszelts mit Sonnendach und Duschkabine. Und es bedurfte keines provisorischen Aufbaus, um erkennen zu lassen, daß das Zelt mit zwei gewöhnlichen Luftmatratzen höchst unzureichend möbliert wäre. Sie paßten nicht einmal zu den breiten Betten aus verchromtem Leichtmetall, ganz zu schweigen von den zauberhaften Sesseln, dem Mehrzwecktisch und der »Küche im Koffer«. Und alles zusammen paßte wiederum nicht ins Auto, wohl aber in den famosen kleinen Anhänger. Er brauchte nur noch umgespritzt zu werden, ehe man ihn beladen konnte. Denn allmählich waren die Ferien herangekommen.

»Morgen früh geht's los«, sagte er glücklich. »Wie ich mich freue! Du dich auch?«

Natürlich freute sie sich. Obgleich sie, während er alle größeren Notwendigkeiten erledigt hatte, einer gewissen Kleinigkeit auf die Spur gekommen war. Sie hing nur mittelbar mit den Ferien zusammen, mehr mit den Hennings, die plötzlich auch auf dem Wege waren, zur Natur zurückzufinden. Allerdings nicht in einem schlichten Hauszelt, sondern mit einem Camping-Anhänger!

»Und weißt du«, sagte sie, während er die siebzehnteilige Angelausrüstung und das Tauchgerät verstaute, »weißt du, was sie noch gekauft haben? Einen Reisefernseher! Mit allen Schikanen. Wie findest du das?«

»Albern«, sagte er. »Was sind denn das für Ferien – im Camping-Anhänger zu hocken und in die Röhre zu gucken? Darauf läuft es doch hinaus. So werden sie nie zur Natur zurückfinden. So nicht. Außerdem sind das keine Ferien.«

»Natürlich nicht«, sagte sie. »Höchstens«, fügte sie beiläufig hinzu, »wenn's regnet. Wie damals, bei unseren letzten Ferien im Zelt. Neun Tage hintereinander. Erinnerst du dich? Ich bin fast umgekommen vor Langeweile. Und auch du warst sauer ...«

»Weil du damals noch nicht richtig Skat spielen konntest«, sagte er. »Jetzt kannst du es. Außerdem ist unser neues Zelt groß genug, ein paar Leute einzuladen und ein bißchen zu feiern. Wenn's regnet. Aber es wird schon nicht.«

»Neun Tage«, sagte sie in schaudernder Erinnerung. »Deshalb sind wir dann auch nie wieder gefahren, stimmt's?«

»Weil wir da nichts weiter hatten als unser mickriges Zelt. Jetzt haben wir sogar elektrisches Licht und einen zweiflammigen Gaskocher ...«

»Aber keinen Fernseher wie Hennings«, sagte sie sanft.

»Himmel!« rief er entrüstet. »Als wüßtest du nicht, daß sie damit nur protzen wollen!«

»Und gucken«, sagte sie, »überhaupt wenn's regnet. Und du wirst der erste sein, der dann in ihren protzigen Campinghänger kriecht.«

»Nie. Und wenn's Strippen regnet.«

»Aber beim Fußball-Länderspiel. Am nächsten Samstag also.« Er holte tief und erschrocken Luft.

»Na?« fragte sie triumphierend.

Er schüttelte jedoch den Kopf und murmelte betreten: »Dieser Henning hat für Fußball nichts übrig. Er haßt ihn geradezu.«

»Wie schade«, sagte sie freudig. Schadenfreudig. Doch da saß er schon vor dem Sparkassenbuch, überrechnete die letzten Ein- und Austragungen und murmelte: »Also schön. Damit du deinen Willen hast. Und falls es doch mal regnet. Aber für das Geld hätten wir auch nach Kuba fahren können!«

Sie strich ihm sanft über den Kopf und sagte: »Es soll doch so sein wie damals, Liebster ... So natürlich, so einfach, und überhaupt. Ach, und was ich noch sagen wollte – gibt es nicht schon Fahrräder, die man zusammenklappen und im Kofferraum mitnehmen kann?«

Was macht ein Reisender aus der DDR, wenn er in der Wüste eine Schlange sieht? Er stellt sich an.

6. Kapitel

Höher, schneller, weiter

Sportlich sportlich

Nicht Tennis, Formel 1 oder Boxen locken in diesen Jahren die Zuschauer an die Fernseher: **Eiskunstlaufen** steht in der Zuschauergunst ganz oben. Und hier hat die DDR mit Gaby Seyfert ihren **ersten internationalen Star**. Trainiert von ihrer Mutter Jutta Müller, wird **Gaby Seyfert** 1967 Europameisterin, 1968 springt sie als erste Frau den dreifachen Rittberger, zwei **Weltmeistertitel** folgen. Bei den Olympischen Spielen 1968 in Grenoble landet sie hinter ihrer ewigen Konkurrentin aus den USA, Peggy Fleming, auf dem zweiten Platz. Olympisches Gold bei den 68er **Sommerspielen in Mexiko** holt ein anderer Superstar: Schwimmer Roland Matthes. Von 1967 bis 1974 geht er aus allen internationalen Wettkämpfen über Rückendistanzen als Sieger hervor – einundzwanzig **Weltrekorde** stellt er auf. So sieht es auf dem internationalem Parkett aus, aber auch im Lande selbst ist was los; während die Presse die großen Erfolge feiert, wenden sich Humorautoren wie Ernst Röhl eher abseitigen Sportthemen zu, zum Beispiel dem **Hunderennen**. Wer denkt, die gehören nach England, unterschätzt die Sportnation DDR. Nils Werner kreiert die »Tritt-dich-gesund«-Bewegung, die zwar nicht in den Sportannalen zu finden ist, aber zweifellos – man kann es nachlesen – so nur in der DDR möglich gewesen wäre!

Hansjoachim Riegenring

Das Spiel aus China

Eines Tages – ich weiß, daß dieser Anfang nicht sehr originell ist, aber die bedeutendsten Dichter haben schon mit »Eines Tages« begonnen –, eines Tages sagte also unser Sportwart zu mir, und er war dabei leicht verlegen und entschuldigte sich schon mit dem Gesicht, das er machte: »Lieber Sportfreund, ich wollte dir nur – findest du nicht auch – denn sieh mal und deshalb – du schreibst also, meine ich, dauernd über Sport, meine ich, und hast nicht die geringste praktische Ahnung davon, meine ich. Ist das nicht – also meinst du nicht auch, meine ich?« »Meinst du?« fragte ich erstaunt, nachdem ich den Satz dechiffriert hatte. »Wozu? Die meisten Leute schreiben heutzutage über Sachen, von denen sie nichts verstehen.«

Na ja, meinte er weiter, es wäre doch aber sehr nett, und in unserer Sportgemeinschaft seien alle Sportarten vertreten, und treibt Sport, und ihr bleibt gesund, und sie hätten eine Turnerriege und eine Kegelriege und andere Riegen – einen ganzen Ring von Riegen. Er bat so sehr, und um ihm eine Freude zu machen, versprach ich, mir eine Sportart auszusuchen.

> Er spuckte mir einen Ball auf die Kante, dem ich nur noch ein trauriges Lebewohl nachwinken konnte.

»Gut«, entschied ich mich dann, »ich spiele das chinesische Spiel.« Die einen staunten, die anderen wunderten sich. Keine Ahnung, nie gehört, nie gesehen, nie gespielt. Ich schüttelte mitleidig den Kopf. »Traurig, traurig, Geschichte ist nicht eure Stärke, wie? Sonst müßtet ihr doch wissen, daß Tischtennis von den beiden Chinesen Ping und Pong erfunden wurde.«

Ich erzählte noch, daß Ping und Pong zwei chinesische Kaufleute waren, die vor was weiß ich nicht wieviel tausend Jahren gelebt hatten und als Bälle die berühmten faulen Eier benutzten, doch sie lachten alle so, daß ich annehmen mußte, sie nahmen mich nicht ernst. (Vielleicht habe ich mich geirrt, und die Erfinder waren zwei Japaner.)

Die Japaner sind heute schon wieder berühmte Ping-Pong-Spieler. Sie benutzen eigenartige Schläger aus Schaumgummi. Ich dachte immer, Schaumgummi diene nur dazu, gewissen erfreulichen Dingen eine schönere Form zu geben, Matratzen, Sesseln und so.

Tischtennis ist eines der wenigen Spiele, die am grünen Tisch gespielt werden. Man bat mich zu Tisch, und wir begannen mit dem Training.

Zuerst lernte ich das Angeben. Das war schon immer meine
Stärke. Wer angibt, hat mehr vom Spielen.
Ich gab so an, daß der Ball in allen möglichen Ecken herum-
flitzte, nur auf der Platte war er nicht zu sehen.
Wir spielten, und nicht Ping-Pong, sondern – meine Gegner
machten »ping«, das klappte immer. Aber statt »pong« zu spielen, lag ich auf der Erde und hob den Ball auf.
Wir spielten also nur Ping.
In der dritten Übungsstunde kam es schon vor, daß der Ball
zufällig gegen meinen Schläger prallte. Da verlangte unser
Sportwart, ich solle den Ball schneiden.
Ich schnitt erst mal ein Gesicht. »Warum denn? Er ist doch
schon klein genug!«
Man sollte es nicht für möglich halten, was es beim Tischtennis für Tricks gibt. Drei Stunden lang übte ich, scharf in die
linke Ecke zu peilen und gleichzeitig
den Ball in die rechte zu schmettern.
Seitdem schiele ich.
Nur eins störte mich: Der Tisch war
viel zu kurz und das Netz viel zu
hoch.
Ich übte sogar zu Hause. Die Familie sah in mir den künftigen Tisch-
tennismeister. Die Verwandtschaft
stand staunend um das Kampffeld,

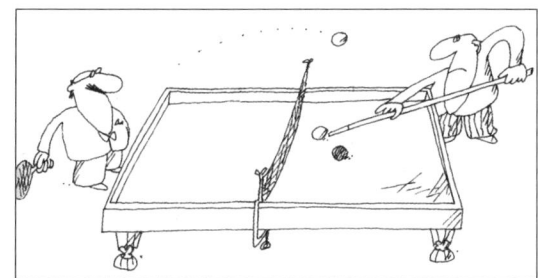

mit Kissen gegen Querschläger gedeckt. Meistens lagen sie
alle unter den Möbelstücken und suchten die Bälle. Meine Kusine und mein Freund Max krochen mit Begeisterung unter der
Couch herum. Es dauerte immer mächtig lange, bis sie den
Ball gefunden hatten. Einige Bälle versteckten sich an Stellen,
die ich als zartfühlender Mensch unmöglich näher beschreiben
kann, ohne zu erröten.
Meine Schmetterbälle waren sehr gefürchtet, da ich sie überall hinschmetterte, nur nicht auf die Spielplatte. Außerdem
schmetterte ich meist in die linke Ecke und wurde daraufhin
zum Erfinder des Schmetterlinksstils ernannt.
Dann sollte ich im Doppel mitspielen. Das ging sehr gut bis zu
dem Moment, als ich statt des Balles den Hinterkopf meines
Partners traf.
Vorigen Sonntag mußte unsere Mannschaft ihre zwei besten
Spieler zu einem öffentlichen Wettkampf schicken. Wir waren
nur zwei, ich also der zweitbeste. Immer noch besser als der
erstbeste.

Mein erster Gegner knallte unheimlich scharfe Schoten übers Netz. Er schoß aus jeder Lage. Leider riß er den Mund weit auf und reizte mich mit seinen unsachlichen Bemerkungen, wie alte Flasche, Niete und Waldheini.

Ich visierte kurz seinen Stiftzahn an und donnerte ihm eine brisante Bombe zwischen die Kiefer.

Geistesgegenwärtig war er, das muß man ihm lassen. Er hustete kräftig und spuckte mir einen Ball auf die Kante, dem ich nur noch ein trauriges Lebewohl nachwinken konnte. Er wurde aber wegen unsportlichen Verhaltens disqualifiziert.

Mein Kampf mit dem Bezirksmeister zeichnete sich durch seine Kürze aus. Er gab an – den Ball – vor meinen Augen wirbelte es – Arme. Beine. Schläger. Bälle, Bälle, Bälle ... und schon stand es 5 : 0 für ihn.

Er schlug so gemein, daß der Ball in meinem Feld aufprallte und dann wieder zurücksprang. Oder er ließ ihn ganz sacht übers Netz rollen, und während ich eine Bauchlandung machte, schlug er ihn ganz gemütlich in eine unerreichbare Ecke.

Bei 18 : 1 verlor ich die Geduld.

Ich warf ihm den Schläger an den Kopf und siegte durch technischen K.o.

Morgen gehe ich zur Boxmannschaft.

Egons Städteschau

Er findet Karl-Marx-Stadt ganz wunderbar,
nennt Gera ein häßliches Pflaster.
Obwohl er noch niemals dort unten war,
ist Aue für ihn voller Laster.

Schön Stendal beschimpft er als trauriges Nest,
läßt sich noch von Leipzig erweichen
und stellt schließlich mit Entschiedenheit fest,
daß Zwickau und Dresden sich gleichen.

Bei Rostock und Jena ist ihm noch nicht klar,
was schöner ist. Sonst sieht er helle!
Was immer er sagte: Sein Maßstab war
der Stand in der Fußball-Tabelle!

Ralph Wiener

Eulenspiegeleien

„Hast du nicht unseren Fliegengewichtler gesehen?"

Am 3. November wohnte Friedensfahrtsieger Axel Peschel (SC Dynamo) mit seiner Frau Petra als Zuschauer dem Fußball-Oberligaspiel des BFC Dynamo bei, 24 Stunden später war er schon glücklicher Vater eines strammen Jungen, der auf den Vornamen Uwe hört. Herzlich gratulieren auch wir zum freudigen Ereignis.

● Die mexikanische Olympia-Auswahl schlug in Mexiko City die Nationalmannschaft von Chile 1 : 1.

Neues Schwimmbad

Neubrandenburg. Ein 25-m-Schwimmbecken, das die dortige Teigwarenfabrik ständig mit warmem Wasser versorgt, entsteht im Wettbewerb zum 20. Jahrestag der DDR in Neubrandenburg; später soll noch eine Halle darüber gebaut werden.

Am Montag im ZK. Erich Mielke, Vorsitzender vom Sportverein Dynamo, erzählt vom letzten Spiel. »Unsere Mannschaft hat gestern phantastisch gespielt! Zwei Tore haben unsere Spieler geschossen!« Fragt Ulbricht: »Und wie ging das Spiel aus?« Mielke: »1 : 1«

Nils Werner

Tritt dich gesund!

Ich wäre nie auf die Idee gekommen, eine neue Gesundtretebewegung ins Leben zu rufen, wenn es nicht neulich unerhört
geregnet hätte. Der Regen floß in Strömen, was mir und meinen Gästen so lange gleichgültig war, wie wir über ausrei-
chende Mengen Wodka verfügten. Als der aber alle war – und
keine Gesellschaft bleibt länger zusammen als bis zum letzten Glas –, begannen sich die Leute unter verschiedenen Vor-
wänden zu verabschieden. Aber kaum hatte Fräulein Susi ihren
Fuß in den Hausflur gesetzt, als sich ihr Abschiedslächeln in
eine Schreckensgrimasse verwandelte. Mit Augen wie ein weid-
wundes Reh schrie sie: »Huuuh! Meine neuen Schuhe!« Wir lie-
fen alle zur Tür und sahen die Ursache für ihren nunmehr ein-
setzenden Tränenstrom: Der Hausflur stand unter Wasser und Fräulein Susi mittendrin. Ihr Verlobter machte das Falscheste in diesem für Susi so schmerzlichen
Augenblick: Er bog sich vor Lachen! Noch ehe ich ihn
wegen dieser Taktlosigkeit tadeln konnte, tönte hinter mir ein
Kommando: »Los, Leute, Schuhe und Strümpfe aus!«
Mein Freund Theo kam seiner eigenen Aufforderung als erster
nach. Er hatte eine Kneipp-Kur gemacht und war seitdem ein
begeisterter Wassertreter. Mit einer Überzeugungskraft, wie
man sie nur selten erlebt, erklärte er: »Leute, wir haben getrunken und geraucht, wir haben damit leichtfertig unsere Gesundheit aufs Spiel gesetzt; so setzt denn nun erst den einen Fuß
und nach fünf Sekunden den anderen freudig ins Wasser, euer
Kreislauf jubelt auf und wird es euch ewig danken!«
Da nun fast alle Leute in bezug auf ihre Gesundheit ein schlechtes Gewissen haben, fehlt ihnen meist nur das gute Beispiel,
mit dem einer vorangeht. Mein Freund Theo tat das mit leuch-
tenden Augen, und mir schien, als stelzten alle mit dem herr-
lichen Gefühl der Erleichterung durch das Wasser, weil sie so
unverhofft etwas für ihre Gesundheit tun durften. Ich glaube,
ich darf ohne Übertreibung sagen, daß sich die Wassertret-
Party in der halben Stadt rumsprach. So entstand folgerichtig
eine Massenbewegung; denn jeder Mensch weiß, daß man sich
gesundstoßen kann, daß es Gesundbeter gibt, aber Gesundtre-
ter zu sein, das hatte den Reiz des Neuen. Ich schloß Verträ-
ge ab mit dem Handtuchausleihdienst, mit einem Fußpflege-
kombinat und der städtischen Gesundheitsbehörde. Wie wir
für die Perspektive errechneten, hätten wir allein in einem Jahr

> Daß es Gesundbeter gibt, weiß
> man, aber Gesundtreter zu sein,
> das hatte den Reiz des Neuen.

den Krankenstand in unserer Stadt um zwölf Prozent senken können, und ich gestehe, daß ich mit zunehmendem Erfolg auch eine höhere staatliche Auszeichnung für möglich und wünschenswert hielt. Ich meine, sie hätte der Bewegung »Tritt dich gesund« mächtigen Auftrieb gegeben.

Aber das Neue hat es immer schwer, sich durchzusetzen. Das ist nicht neu. Kurz, die Hausbewohner waren entschlossen, mir sozusagen das Wasser abzugraben. Ohne mich zu verständigen, wurden Aufträge ausgeschrieben für die Klempner-PGH, und als ich davon erfuhr, fürchtete ich schon das Schlimmste. Ich sah den Gesundtretern mit dem schrecklichen Gedanken zu, sie schon sehr bald bitter enttäuschen zu müssen. Ich schlief schlecht, war gereizt und nervös, so daß ich einmal die Beherrschung verlor und unbändig ins Wasser trat. Leider löste sich eine Fliese

»Sie hat keine talentierten Beine schlechthin. Das sind schon ausgesprochene Eisbeine!«

im Boden, und das Wasser fing an zu versickern. Es gelang mir mit Aufbietung aller Findigkeit, das Sickerloch notdürftig zuzustopfen und den Wasserstand in der gewünschten Pegelhöhe zu halten. Trotzdem geriet diese so kühn ins Leben gerufene Bewegung in Gefahr, sang- und klanglos ins Wasser, das heißt ins Trockene zu fallen. Es wurden Gerüchte in Umlauf gesetzt, in meiner Parterrewohnung würden von getarnten Gesundtretern Orgien gefeiert, mein Ruf als gesellschaftlich nützliches Glied in der Kette der Neuererbewegung wurde mit Füßen getreten, meine Schaffenskraft im Dienste der Gesundheit diffamiert. Und das konnte ich nicht ertragen.

Ich überlegte, ob ich nicht doch noch eine festliche Abschiedstrete veranstalten sollte, fuhr aber, da ich im tiefsten Inneren verwundet war, kurz entschlossen zu unserer Klempner-PGH. Ich versprach einem Eidgesellen 5 MDN für die Stunde, wenn er gleich mitkäme, den Abfluß vor der Haustür in Ordnung zu bringen. Er nahm eine große Spirale und folgte mir. Kaum hatten wir sie angesetzt, vernahm ich ein leises Gluckern. Das Schicksal meiner Gesundtretebewegung war besiegelt, das Wasser lief ab. Noch ehe ich die Kurbel der Spirale aus der Hand legen konnte, hörte ich ein donnerndes »Halt, was machen Sie da?!« Ich fuhr zusammen. Vor uns stand ein Mann vom Rat des Kreises. In seinem Gesicht tobte ein Zweikampf zwischen ungläubigem Staunen und Entsetzen. »Menschenskinder«, schnaubte er, »das könnt ihr doch nicht machen! Ich habe dieses Projekt längst als Sportstätte eingeplant!«

Ernst Röhl

Triumph für Vasco Exquisit

Der Sportgeist der Haustiere findet noch immer sträflich wenig Beachtung. Wer nimmt schon Notiz von der schnellen Laufkatze, ohne die ein moderner Industriebetrieb den Laden gleich dichtmachen könnte? Wer würdigt das sportfreudige Läuferschwein, das uns in der Landwirtschaft auf Schritt und Tritt begegnet? Oder nehmen wir die Hunde. Boxer werden nach wie vor nicht zu den Deutschen Faustkampfmeisterschaften zugelassen. Es wird doch nicht etwa Furcht vor diesem Gegner sein,

was die Kollegen Schlegel und Wensierski davon abhält, mit ihren vierbeinigen Sportfreunden ins Seilquadrat zu steigen?

Gäbe es nicht die Spezialzuchtgemeinschaft Wind- und Rennhunde im Verband der Kleingärtner, Siedler und Kleintierzüchter, die in der bewährten feinen englischen Art regelmäßig leichtathletische Wettbewerbe für Windspiele ansetzt, die Menschheit stünde ganz schön dumm und ohne mildernde Umstände da.

Kürzlich fand das DDR-Siegerrennen 1967 statt; aber nicht etwa am Rennsteig oder in dem idyllischen Örtchen Hundeluft bei Wiesenburg – das dem Namen nach hervorragend für ein Hundederby geeignet gewesen wäre –, sondern auf dem AGRA-Gelände in Leipzig-Markkleeberg.

Ein Sonnabend im Juli. Es ist schwül. Ein regelrechter Hundstag. Rund um das dreihundert Meter lange, hufeisenförmige Geläuf drängen sich außer zweibeinigen Gaffern in großer Zahl auch etliche Zuschauer mit vier Beinen. Hier ein Spitz und dort ein Bernhardiner und noch ein bißchen weiter hinten ein Schlachtenbummler unbestimmter Rasse. Kombiniere: Terrier inkognito! Sie alle haben sich nur allzu gern hinterm Ofen hervor- und vom heimatlichen Stammbaum weglocken lassen. So ein Hunderennen ist schließlich international besetzt; Engländer nehmen teil, kurzhaarige Greyhounds und deren Miniaturausgabe, die temperamentvollen Whippets, Barsois, die wellhaarigen russischen Vertreter, und Afghanen. Wer weiß, eines schönen Tages im kosmischen Zeitalter werden sich vielleicht sogar der Große und der Kleine Hund zur Teilnahme herablassen. Der Deutsche Schäferhund und die Deutsche Dogge haben sich bisher für Rennen leider noch nicht qualifizieren können. Schade!

Der Sattelplatz befindet sich unter deutschen Eichen. Hier lagern sie, die mit Spannung erwarteten Gladiatoren. Die meisten von ihnen deutlich vom Startfieber gezeichnet. Ein zierlicher Whippet-Rüde beschimpft klaffend seine Gegner. Er gibt ganz schön laut Laut. Ich muß schon sagen: ein ziemlich rüder Rüde. Die Afghanen laufen unbeachtet. Sie gelten als die Gammler unter den Athleten, allerdings nicht, weil sie im Rennen zu bummeln pflegen, sondern wegen ihrer ausdrucksvollen, wenngleich modisch überreifen Langhaarfrisur.

Während den Startern für den ersten Vorlauf die Deckchen aufgelegt werden, putzige rote, blaue und weiße Jerseys, bringt ein Halbwüchsiger einen Hasen zur Strecke, genauer gesagt zur Rennstrecke. Es handelt sich um ein leuchtend weißes Fell, das an einer Schnur befestigt ist und unmittelbar vor der Startlinie deponiert wird.

Und schon erscheinen die ersten Akteure! Sie werden zunächst mal in karnickelstallähnlichen Startboxen untergebracht, von wo aus sie nervös schnuppernd nach dem falschen Hasen Ausschau halten. Sie wollen ihm das Fell über die Ohren ziehen und kommen gar nicht auf den Gedanken, daß diese Prozedur schon lange erledigt sein könnte.

Dann gibt der Starter mit der roten Flagge dem Mann an der Hasenmaschine ein Zeichen. Der beginnt emsig zu kurbeln, woraufhin der vermeintliche Meister Lampe prompt das Hasenpanier ergreift und sich wie von Geisterhand gezogen aus dem Staube macht. In diesem Augenblick öffnen sich die Boxen, und die wilde, verwegene Jagd nimmt ihren Lauf. Das Wildbret ist mit allen Hunden gehetzt. Das Laufen ist ihre Masche, ihre Laufmasche. Mit sechzig Sachen gehen sie in die Kurve, so daß ein Trabantfahrer schon den vierten Gang bemühen müßte, um ihnen auf den Fersen zu bleiben. Nach 18,5 Sekunden schießen sie durchs Ziel und übers Ziel hinaus und zeigen dem hochgestapelten Hasen erst mal die Zähne. Ja, Hundekuchen! Ein Blick genügt, und sie durchschauen den Schwindel, dem sie hinterhergewetzt sind. Doch sie sind allesamt nicht nachtragend und nehmen der Rennleitung den kleinen Scherz nicht übel. Gesiegt hat mit fünf Längen Vorsprung dank seines unerhört raumfordernden Gangwerks Cad von Belbarry aus Leipzig. Er war auch der haushohe Favorit; denn der fuchsfarbene Cad ist aus den Kämpfen des Vorjahres schon so bekannt wie ein bunter Hund. Im dritten Vorlauf für Whippet-Hündinnen siegt Daisy von Buchwald, die fast ein bißchen ins Schwitzen gerät. Aber das ist nicht weiter schlimm. Wenn eine oder einer Hündin heiß ist, wird sie deshalb noch längst kein Schweißhund.

Nicht alle Starter sind vom gleichen vorbildlichen Wettkampfeifer beseelt. Mancher ordnet den erforderlichen Siegeswillen seinem Haß auf jeden Rivalen unter. Er läßt sich in perfider Absicht an den Schluß des Feldes zurückfallen und begeht ein schweres Foul nach dem anderen, indem er seine Gegner fortgesetzt in die Waden beißt. Nicht den letzten beißen in diesem Fall die Hunde, sondern der letzte beißt dieselben seinerseits. Andere wiederum, die ab und an das Training geschwänzt und sich den auch aus dem menschlichen

Sportbetrieb wohlbekannten Ausschweifungen hingegeben haben, verlieren die Blume des Hasen im Verlauf des Rennens aus den Augen. Sie sehen schließlich bloß noch ein Gänseblümchen oder, wenns hoch kommt, eine Hundeblume und gelangen gar nicht erst ins Ziel. Sie setzen sich kurz entschlossen auf den Hosenboden und sehen sich das Finish ihrer Kollegen mehr oder weniger desinteressiert aus der Ferne an.

Im roten Dreß tritt Cad von Belbarry zum Endlauf an. Wer könnte dem sieggewohnten Cad schon den Lorbeer streitig machen? Vasco Exquisit aus Großröhrsdorf im schwarzweiß gewürfelten Jersey kann es. Mit riesigen Sätzen entsetzt er dem Feld. Er wendet die Technik des großen Sprungs an, die er einem Pekinesen abgelauscht haben mag. Stürmisch angefeuert, erreicht er klar vor dem ehrenvoll unterlegenen Cad das Ziel der Wünsche seines Besitzers. Der ist glücklich und froh wie der Mops im Paletot. Dieser Erfolg bringt ihm eine Goldmedaille ein, die fortan Vascos Halsband zieren wird. Schaut her, er ist's! Der Champion! Am Golde hängt, zum Golde drängt doch alles, und was dem Menschen recht ist, sei dem Hunde billig. Jedem Tierchen sein Pläsierchen! Wau-wau!

7. Kapitel

Unter vier Augen

Über Verliebte und Verheiratete

Im Jahr 1968 wird 119 676 mal das Eheversprechen
auf den **Standesämtern der DDR** gegeben. 28 721
mal hat der Scheidungsrichter das Wort. Mehr als die
Hälfte aller Eheschließungen findet zwischen Paaren
statt, die das 23. Lebensjahr nicht überschritten haben;
das **durchschnittliche Lebensalter** bei Eheschließungen
liegt bei 28 Jahren. Doch die Liebe, man weiß es, ist mit
statistischen Größen nicht zu fassen, schließlich ist sie
eine Himmelsmacht, was gemeinhin auch unter sozialistischen Verhältnissen anerkannt war. Aber es lohnt
schon, über die verschlungenen Wege nachzudenken,
die sie nimmt. John Stave macht es, indem er die Vor-
und Nachteile einer **staatlichen Eheanbahnung** erwägt.
Rolf Pester erzählt von einer **Ehescheidung** mit über-
raschendem Ausgang. Nachzulesen ist hier auch, wovon
Frauen träumen und warum Männer in Zusammenhängen denken. Und ganz dem Thema unseres Buches
geschuldet, weiß der **Volksmund** die Antwort auf die
hinter vorgehaltener Hand gestellte Frage, warum es
in der DDR keinen Gruppensex gibt. – Keine Leute,
keine Leute.

Johannes Conrad

Männer denken in Zusammenhängen

... denn die Ehe fordert Heiterkeit.
Jean Paul

Frau: Gott, habe ich einen Appetit auf Kaffee.

Mann: Nee, ich noch nicht.

Frau: Schreibt man Appetit eigentlich mit zwei p?

Mann (verblüfft): Wie kommst du denn jetzt darauf?

Frau: Ich will mich bilden. Ich will nicht geistig versauern.
Wird es nun mit zwei p geschrieben oder nicht?

Mann: Apparat beispielsweise schreibt man mit zwei p.

Frau: Und Appetit? Appetit?

Mann: Das ist ein zweischneidiges Schwert, Lotte.

Frau: Was soll denn das heißen?

Mann: Das heißt, daß die Rechtschreibung nicht immer so klar
wie Kloßbrühe auf der Hand liegt. Die deutsche Sprache ist
eine der schwersten Sprachen der Erde, Lotte, das ist bewie-
sen.

Frau: Appetit steht aber doch fest, Fritz.

Mann: Steht fest? Das hat man vom Turm zu Babel auch behauptet.

Frau: Was hat nun wieder dieser Turm mit Appetit zu tun?

Mann: Er ist zusammengestürzt, Lotte, er stand nicht fest.

Frau: Jetzt verstehe ich überhaupt nichts mehr.

Mann: Nun, zum Beispiel kann man fotografieren vorn und in
der Mitte mit ph schreiben, aber auch mit f.

Frau: Appetit wird aber nicht mit ph oder f geschrieben.

Mann: Du mußt eben lernen, in Zusammenhängen zu denken,
Kind.

Frau: Sag doch bitte nicht immer so herablassend »Kind« zu mir.
Ich bin kein Kind mehr. Ich bin gleichberechtigt. Eine gleich-
berechtigte Frau und kein blödes Kind.

Mann: Kinder sind also blöd? Sehr aufschlußreich! Das sind ja
nun freilich starke Liebesbeweise, die hier von einer ausge-
bildeten Kindergärtnerin geäußert werden. Arme Kinder!

Frau: Du weißt genau, daß ich weiß, daß Kinder nicht blöd
sind, aber ich wäre blöd, wenn ich ein Kind wäre in meinem
Alter. Das meine ich!

Mann: Oha! Ein äußerst klarer Satz!

Frau: Weil du mich verwirrt hast mit deiner Art. Du hast manchmal so was Impertinentes an dir.

Mann: Was soll denn jetzt das?

Frau: Du sagst manchmal alles so von oben runter.

Mann: Von oben runter? Ich sitze doch neben dir. Wie kann ich
da was von oben runter sagen?

Frau: Du weißt genau, was ich meine, Fritz! Letztes Mal bei
Hämbers ...

Mann: Das wußte ich, daß jetzt Hämbers kommen! Das ist typisch! Sehr typisch ist das. Im übrigen können mir Hämbers
den Buckel runterrutschen. Die können mir mal den Buckel
runterrutschen. Den Buckel runterrutschen können die mir.

Frau: Ja, ja, ja, jetzt weiß ich's ja!
So viele Buckel hat ja nicht mal
ein Kamel. – Findest du das eigentlich schön, so über Hämbers herzuziehen, wo sie uns
doch ...

Mann: Wer zieht denn über Hämbers her? Ich wäre nie auf
Hämbers gekommen, wenn
nicht du ...

Frau: Ach so, jetzt bin ich das!
Jetzt mache ich die Hämbers
schlecht.

Mann: Wer sagt denn das nun wieder?

Frau: Du sagst es, weil du alles verdrehst! Wenn ich wissen
will, wie Appetit geschrieben wird, sagst du, daß ein Turm
zusammengebrochen ist. Was interessiert mich denn dieser
Quatschturm!

*»Kann sein, daß ich
keine gute, liebe Frau
verdiene. Aber ich habe
genau das, was ich ver-
diene!«*

Mann: Das ist erstens kein Quatschturm, denn der Turm zu
Babel ist Kultur, und Kultur ist kein Quatsch. Und zweitens
ist er nun mal zusammengebrochen, ob du das gerne hast
oder nicht. Was kann denn ich dafür? Vielleicht bin ich noch
schuld daran, daß er zusammengebrochen ist, was? — Bitte,
wenn du es möchtest: Ich erkläre hiermit vor aller Welt, daß
ich den Turm zu Babel ...

Frau: Brüll doch nicht gleich so!

Mann: ... daß ich den Turm zu Babel umgekippt habe und auch
brülle. Jawohl, jetzt brülle ich! Du kannst ja sofort deine
heißgeliebten Hämbers anrufen und ihnen mitteilen, daß ich

in meiner Wohnung herumbrülle. Ich bin überhaupt an allem
schuld, auch am Dreißigjährigen Krieg. Ich bin ein Unmensch, jawohl! Blöd bin ich! Dämlich!

Frau: Reg dich doch um Himmels willen nicht so entsetzlich
auf, Mann. Du wirst ja ganz käseweiß. Da kriegt man ja
Angst.

Mann: Ich sterbe sowieso bald. Das geht mal ganz schnell mit
mir. Dann hast du deine Ruhe. Dann kannst du ja einen hoch-
geistigen Sprachenprofessor heiraten.

Frau: Jetzt tust du mir aber sehr weh, Fritz. Ich weiß doch, daß
du viel weißt. Tob doch nicht wie ein Irrsinniger herum. Du
bist doch der Allerbeste.

Mann: Trotzdem bleibt doch aber bestehen, daß der Turm zu
Babel zusammengestürzt ist.
Diesen historischen Fakt darfst
du doch nicht einfach beseitigen
wollen für ein Linsengericht,
Lotte.

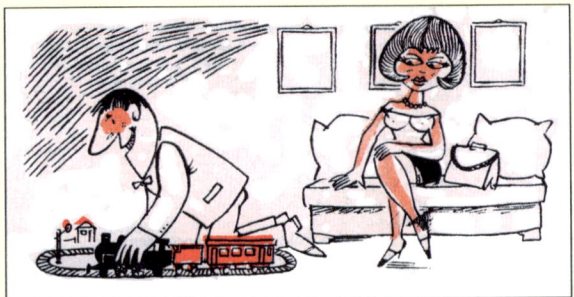

Frau: Ich will das ja auch nicht,
mein Guter. Und hier im Duden
steht auch Appetit: mit zwei p!

Mann: Siehst du! Hab ich dir
nicht gleich gesagt, daß Appa-

*»Hatte ich nicht recht,
daß Sie bei mir was
Schönes erleben kön-
nen?«*

rat mit zwei p geschrieben wird? Aber du läßt einen ja nie
ausreden. Wenn ich sage, daß Apparat mit zwei p geschrieben wird, dann sage ich das doch nicht ohne Grund. Dann
meine ich natürlich damit, daß auch Appetit mit zwei p geschrieben wird. Da sind doch Zusammenhänge vorhanden!
Darum kam ich auf den Turm zu Babel. Das hängt alles zusammen, Lotte.

Frau: Ja, das hängt alles zusammen, Fritz.

Mann: Na, da können wir ja jetzt Kaffee trinken. Ich habe einen
unheimlichen Appetit auf Kaffee. Du auch, Lotte?

Frau: Eigentlich nicht mehr.

Mann: Das ist aber merkwürdig. Vorhin hast du doch förmlich
nach Kaffee gewimmert! Wenn ihr Frauen bloß mal etwas
konsequenter sein wolltet!

John Stave

Das Ende einer privaten Eheanbahnung

Die Leser einer Berliner Zeitung haben jetzt angeregt, daß eine staatliche Eheanbahnung geschaffen werden soll. Die Sache ist noch nicht spruchreif, aber aus ganz gelehrigen Kehlen wird Zustimmung gezollt. Besonders Ärzte und Psychiater werfen sich begeistert in die Waagschale. Das Hauptargument der seelischen Wissenschaftler ist, daß es zuviel Menschen gibt, die zwar mitten in der Gesellschaft stehen, aber nur solange sie Dienst haben. Wenn Feierabend ist, dann verkriechen sie sich in ihre stille Klause, und dann ist eben Feierabend.

Mein Freund Hans zum Beispiel ist so ein Fall. Den wollte ich auch schon immer unter die Haube bringen – also nicht staatlich, sondern mehr privatim. Unter vier Augen, gewissermaßen. Aber der Schuft beißt nicht an.

»Ich sitze gemütlich in meiner Stammkneipe«, wendet er ein, »und kann soviel Bier trinken, wie ich will. Ich komme nach Hause, wann ich will, und ich kann poltern, soviel ich will.«

»Das sind bürgerliche Überreste und Schlacken in dir, mein Lieber«, sage ich trocken. »Aber das Herz muß auch sprechen! Und in dieser Hinsicht ist es bei dir seelisch zappenduster. Ich werde für dich kurzerhand eine passende Frau aufgabeln!«

Sein Gezeter einfach links liegenlassend, begebe ich mich auf Brautschau. Das ist natürlich so eine Sache, weil die Geschmäcker verdammt verschieden sind. Der eine will mehr eine dünne Lange, damit er sie noch hinbiegen kann, der andere bevorzugt eine kurze Dicke. Einem genügt Herzensbildung, was wohl soviel bedeutet, daß fast gar keine Bildung auch ausreicht, ein anderer will wieder gerade eine kluge, beschlagene Frau einhandeln. Beispielsweise Hans, der ein Schriftsteller ist, aber mit der Zeichensetzung hapert es bei ihm kolossal. Wenn ihm jetzt eine kluge Frau ins Garn geht, kann dieser Mangel sogar behoben werden. Das wäre dann die sogenannte praktische Seite der Ehe.

Nun hat er zu allem Überfluß eine Neubauwohnung, die sehr niedrig ist. Fällt also eine dünne Lange schon gleich völlig flach. Aber eine kurze Dicke müßte hinhaun. Halt. Die Neubauwohnung hat eine Kochnische, die sehr wenig Platz bietet in der Breite. Demnach kommt nur eine lediglich kleine beziehungsweise kurze Person in Betracht. Man muß das ja alles

> Herr Meier betritt die Küche und sagt lächelnd zu seiner Frau: »Aber Herzchen, am Internationalen Frauentag mußt du doch nicht spülen ... Mach es morgen!«

gründlich vorbereiten, weil man Frauen – besonders wenn sie einigermaßen emanzipiert sind – nicht wieder so schnell los wird oder umtauschen kann. Wer einmal in den sauren Apfel reinbeißt, der muß seine Zähne fast immer bis zum bitteren Ende drinbehalten. Dafür sorgen schon die Scheidungsrichterinnen, weil sie bereits ihre schlechten Erfahrungen hinter sich haben.

Monika Paffke kommt schon gar nicht in die engere Wahl. Sie ist auch so eine einsame Person, die ja ganz gerne möchte, aber gleichzeitig auch zuviel Bedingungen stellt. Ich sage ihr immer, der Kerl, den du haben willst, der muß erst noch geboren werden. Nicht rauchen soll er, nicht trinken, gepflegt und klug soll er sein, schön aussehen und bemittelt sein auch noch, du machst mir Spaß. Mit solchen veralteten Ansichten kommst du nie auf den grünen Mistelzweig. So einen Mann muß du dir backen.

Besonders bei ihrer Figur. Ich meine, man soll nicht immer etwas Schlechtes über den anderen reden, aber die Wahrheit hört nun mal keiner allzu gerne. Oberweite, schätze ich, hat sie 85. Und das ist noch sehr hochgegriffen! Dann gar keine Taille, alles wie ein Stück. Über die Schenkel wollen wir mal gleich

den Mantel der christlichen Nächstenliebe ausbreiten. Na, und von Waden überhaupt keine Spur. Bibliothekarin ist sie und kommt, auch wenn es ganz eng ist, überall bei den Regalen leicht durch. Deswegen kam ich ja zuerst auf sie. Wegen der Kochnische. Aber das reicht wohl auch sowieso nicht für ein ganzes Leben aus, was? Und wenn ich bloß an die Nase denke ... Monika Paffke, mit der locke ich Hans nicht mal hinterm Ofen vor.

Eher mit Fräulein Dr. Matztopf, schon, daß sie endlich ihren blöden Namen verliert. Sie ist ja eine gebildete Person. Zehn oder sogar zwölf Semester im ganzen studiert und jetzt in leitender Stellung tätig. Germanistin, also Altertumsforscherin, Bärenfälle et cetera. Die Gefahr ist natürlich bei ihr, daß sie sich nur für Männer interessiert, die schon ein paar hundert Jahre tot sind.

Solche hat sie auch schon öfter mit ins Bett genommen, aber selbstverständlich in Buchform. Hans hingegen ist keine hundert Jahre tot, im Gegenteil, er lebt noch, obwohl böse antialkoholische Zungen behaupten, daß es kein Leben wäre.

Na ja, und dann hat Fräulein Dr. Matztopf zu allem Überfluß auch noch eine Brille, weil Lesen schädlich ist. Deshalb waren ja früher die Analphabeten niemals Brillenträger! An Brillen stößt sich Hans mächtig. Beim Küssen wäre es recht hinderlich, sagt er. Und wenn zwei Brillenträger sich stürmisch küßten, ginge es selten ohne Scherben ab. Also Brillenträgerinnen fallen ebenfalls flach. Und außerdem ist Fräulein Dr. Matztopf, Viola heißt sie übrigens, ganz schön dick. Die hinteren Partien, mein lieber Scholli, da hat sie allerhand zum Anbieten. Auch vom vielen Studieren, weil man dabei immer sehr lange sitzt. Diese Auswirkung wäre aber nicht weiter störend, weil die Viola eine eigene Wohnung hat, allerdings mit Mutter drin. Aber, ich sagte ja schon, daß andere Gründe bereits dagegensprechen.

Mit Marlies habe ich ebenfalls verhandelt, aber sie will keinen Schriftsteller, sondern nimmt nur einen Mann, der auch was ins

Haus bringt, einen ehrenwerten Beruf hat; mit Frau Dippelstett auch, einer drahtigen Blondine, neununddreißig im Mai, aber sie mußte leider bedauern, weil sie seit drei Monaten schon mit dem Hausmeister der Volkshochschule geht – alles strebt zur Wissenschaft. Außerdem hat sie eine achtzehnjährige Tochter. Lieber die Finger davon, sagt Hans. Mutter zu alt, Tochter zu jung, das wird im Leben nichts.

So hat er immer eine Ausrede. Aber endlich habe ich Walrosa gefunden! Sie sagt, was, ein Schriftsteller? Prima! Her mit dem Mann. Am liebsten will sie ihn gleich mitnehmen. Wo arbeitet er, wo wohnt er, wie sieht er aus – nach Geld fragt sie gar nicht. Eine patente Dame, die ins Leben paßt.

Meist wohnt er im Pilsator-Kasino, gebe ich zaghaft zu. Er hat dort eine gemütlich eingerichtete Stammecke. Dann wollen wir sofort hin, ruft Walrosa Müller begeistert aus und winkt auch sogleich nach einer Taxe. Ich sage – um noch zu retten, was zu retten ist – halt, nicht so stürmisch. Manchmal ist er auch zu Hause! Ach was, sagt Walrosa, kommen Sie, vielleicht haben wir Glück.

Wir haben. Kaum daß Walrosa das Lokal betreten hat, deutet sie auch schon in die richtige Ecke. Das muß er sein, sagt sie, mein Herz sagt es mir. Hans hat gerade ein großes Schnapsglas zum Munde geführt und ekelt sich einen doppelten SW runter.

»Ich bringe Walrosa Müller mit, eine Bekannte von mir.«

»Kann sie trudeln?« fragt Hans. Walrosa nickt rasch, und dann geben sie sich sogar die Hand.

Walrosa Müller trudelt enorm gut. Hans ist mit der Partnerin offenbar zufrieden. Die Lagen kommen auf meinen Deckel. Ich bin heute mit den Gedanken nicht beim Spiel. Ich denke an meinen Triumph. Was bin ich umhergerattert! Aber jetzt ist es geschafft! Die beiden duzen sich längst. Als Walrosa in der vergangenen Runde eine echte Straße mit Anschluß auf den Tisch legt, küßt Hans sie sogar.

»Letzte Runde angesagt«, lalle ich. Mir war zufällig meine eigene Frau eingefallen, die gewissermaßen auch Anspruch auf häusliches Glück hat. Ich blicke auf die Kneipenuhr – halb neune durch, Junge, Junge!

»Hau doch ab, alter Hornochse«, sagt Hans freundlich.

»Ja doch«, unterstreicht Walrosa. »Was will denn der blöde Eierkopp an unserm Tisch?«

Es genügt, wenn einer in der Familie dem Trunk verfallen ist.

Hier wirst du nicht mehr gebraucht, altes Haus, sage ich mir. Du hast ein gutes Werk getan, Stave. Bravo! Dann schieße ich nach Hause.

Am nächsten Tag gehe ich, mit einem kleinen Strauß bewaffnet, vergnügt in das Pilsator-Kasino. Hans hat gerade ein großes Schnapsglas zum Mund geführt und ekelt sich einen doppelten SW runter.

»Wo ist Walrosa?« frage ich erstaunt. »Ich wollte euch gewissermaßen gratulieren, zur Verlobung und so weiter.«

»Walrosa kommt nicht in Frage«, sagt Hans gedehnt.

»Wieso nicht?« Ich falle aus allen Wolken. »Ihr habt euch doch prima verstanden.«

»Sie säuft«, sagt mein lieber, einsamer Freund enttäuscht, »und es genügt, wenn einer in der Familie dem Trunk verfallen ist. Misket, sagt der Mohammedaner. Prost, sage ich!«

So sieht es aus! Das ist der Lohn für meine gewaltigen amourösen Bemühungen. Aber jetzt ist Schluß! Ich hänge den Liebes-Apostillon ein für allemal an den Nagel. Um ein Haar wäre noch meine eigene Ehe im Eimer gewesen.

Nee, nee, das ist schon ganz richtig, was sie da in dieser Berliner Zeitung unterstreichen. Soll es der Staat versuchen. Er hat ganz andere Möglichkeiten. Ich habe als Seelsorger jedenfalls versagt.

Eulenspiegeleien

„Er will aus Senf wieder Senfkörner herstellen!"

Möchte auf diesem Wege einen Lebensgefährten kennenlernen. Bin 53/1,72, kein Trinker, der treu ist.

Anfrage an den Sender Jerewan: »In Amerika kann eine unverstandene Frau zum Psychologen gehen und sich auf die Couch legen. Warum ist das bei uns nicht möglich?«
Antwort: »Muß es unbedingt ein Psychologe sein?«

TANZUNTERRICHT JÖHREN-TRAUTMANN

8053 Dresden-Blasewitz, Schillerplatz 6, Fernsprecher 3 06 06

Juristisches Gespräch
„Ist die Sexualität vermeidbar?"

Es spricht:
Herr Dr. Rudi Trautmann,
Staatsanwalt

Sehr geehrter Herr
Sehr geehrte Dame

Auf Wunsch des Ministeriums für Kultur,
daß alle Jugnedlichen ordentlich tanzne
lernen möchten, erlauben wir uns diese
Prospekte zu senden mit der Bitte, diese
an sichtbarer Stelle aufzuhängen.

Besten Dank im voraus

Rolf Pester

Die Scheidungsfeier

Solange ich zurückdenken kann, waren Bohnekamp und ich un-
zertrennliche Freunde. Wir hatten stets die gleichen Interes-
sen, die gleichen Ansichten und die gleichen Fehler. Nur in
einem einzigen Punkt unterschieden wir uns grundsätzlich: Er
heiratete, und ich blieb Junggeselle. Beide taten wir es aus Überzeugung. Seine Ehe schien, soweit ich das beurteilen konnte,
eine geradezu musterhaft glückliche zu sein. Ich fiel deshalb aus
allen Wolken, als ich eines Tages ein Schreiben folgenden In-
halts erhielt: »Lieber Freund! Wir geben uns die Ehre, Dich zu
unserer am Donnerstag, dem 27. Juli, 20 Uhr stattfindenden
Feier anläßlich unserer Scheidung herzlichst einzuladen. Dein
Freund Bohnekamp nebst Gattin.«

»Na, was haben wir
denn eben falsch ge-
macht?«

Zunächst hielt ich das Ganze für einen
schlechten Witz. Doch eine telefonische
Rückfrage ergab, daß die Sache durchaus ernst war. Eine Scheidungsfeier
hatte ich noch nicht erlebt. Die Probleme,
die sich daraus ergaben, waren höchst
komplizierter Natur. So war mir unklar,
ob ich bei der Begrüßung der geschiede-
nen Eheleute einen Glückwunsch oder
mein Beileid vorbringen sollte. Auch wußte ich nicht, ob es
üblich war, in einem solchen Falle Blumen und ein Geschenk
zu überreichen. Ich entschloß mich vorsorglich, zwei gerahmte
Wandsprüche zu kaufen. Der eine, für meinen Freund gedacht,
lautete: »Frauen sind keine Engel«, der andere, für seine Gattin: »Die Männer sind alle Verbrecher.«
So gerüstet, angetan mit einem festlichen schwarzen Anzug, erschien ich an jenem Donnerstag in Bohnekamps Wohnung. Der
Hausherr roch verdächtig nach Alkohol.
»Du mußt Schweres erduldet haben«, wollte ich mit bewegter
Stimme murmeln, doch er schlug mir auf die Schulter und rief:
»Komm, altes Haus, jetzt wollen wir erst mal richtig feiern!«
Schon hatte ich das erste Schnapsglas in der Hand. Die Woh-
nung war voller Leute, die überall herumwimmelten, tranken,
lachten und ausgelassene Lieder sangen.
Im Wohnzimmer spielte eine aus drei älteren Herren bestehende
Kapelle flotte Weisen, nach denen eifrig getanzt wurde. An zwei
kalten Büfetts verschlangen eine Anzahl Hungriger Kaviar-
brötchen, Austern und ähnliche lukullische Raritäten. Sekt-

propfen knallten, und Gläser klirrten. Ich blickte fassungslos um mich.

»Da staunst du, was?« fragte Bohnekamp mit stolzem Lächeln. »Diese Scheidung kostet mich mehr als zwei Hochzeiten und drei Begräbnisse zusammen.«

»Offen gestanden, ich wundere mich«, sagte ich bedrückt. »Deine kuriosen Einfälle in Ehren, aber findest du wirklich, daß ausgerechnet ein solcher Anlaß Grund zum Feiern bietet?«

»Das verstehst du nicht«, entgegnete er und gab einem nebenstehenden, attraktiven Mädchen einen zärtlichen Klaps auf die dafür bestimmte Rundung. »Hochzeiten kann schließlich jeder feiern. Warum also nicht auch einmal eine Scheidung?«

»Wo ist eigentlich deine Frau?« wollte ich wissen.

»Da drüben«, sagte er und zeigte in irgendeine Richtung.

»Hm«, sagte ich. »Eine Frage noch: Ist sie eigentlich mit diesem ganzen Affentheater einverstanden?«

»Natürlich«, nickte er. »Die Idee stammt doch von ihr. Ich finanziere bloß das Ganze.«

Ich hatte genug erfahren und widmete mich von nun an den reichlich vorhandenen Alkoholitäten. Später schwang ich auch das Tanzbein. Da kaum alleinstehende Weiblichkeiten, an denen ein anspruchsvoller Junggeselle hätte Gefallen finden können, anwesend waren, blieb mir nichts anderes übrig, als Bohnekamps gewesene Frau zum Tanz zu holen. Es wurde ein vergnüglicher Abend. Als schließlich, weit nach Mitternacht, die letzten Gäste gegangen waren, drückte mich Bohnekamp in einen Sessel und setzte sich mit einer halbgeleerten Kognakflasche zu mir.

»Es war der schönste Abend in meinem Leben«, sagte er mit glänzenden Augen. »Du wirst das nicht verstehen. Vielleicht begreifst du es besser, wenn ich dir verrate« – er sah sich scheu um – »daß ich dich immer um deine goldene Freiheit, deine herrliche Ungebundenheit beneidet habe. Wie findest du das?«

Er sah mich forschend an. Ich blickte stumm in mein Glas.

»Ich hatte, um offen zu sein, dir gegenüber stets ein gewisses Schuldbewußtsein«, fuhr er fort. »Als ich heiratete, wurde ich das Empfinden nicht los, unsere Freundschaft verraten zu haben. Aber nun ist alles gut. Jetzt bin ich frei und ledig. Wir werden wieder zusammen ausgehen und gemeinsam unsere Zeit verbringen. Und kein Mensch wird uns daran hindern.«

»Doch, deine Frau«, sagte ich ernst.

»Aber Menschenskind«, rief er lachend, »ich bin doch seit gestern geschieden!«

»Du schon«, murmelte ich. »Aber ich habe mich heute abend mit ihr verlobt.«

Hansjoachim Riegenring

Bélszinszeletek gombával és hasábburgonyavál am Abend

In so ein Restaurant wollte seine Frau schon immer mal gehen. Das war ihr größter Wunsch, ihr Traum. Kein Nerzmantel, kein Brillantschmuck, nein, ein Essen bei Kerzenlicht, mit leiser Musik, höflichen lautlosen Kellnern, einer Riesenspeisekarte, mit prickelndem Sekt in geschliffenen Gläsern. Und sie hätten es sich leisten können. Aber da war sein Abendstudium – er wäre ja glatt eingeschlafen, bevor der Ober die Karte gebracht hätte. An den Wochenenden? Da mußte er angeln gehn, na, und wer sollte sich um den Bungalowbau kümmern?

»Wünschen Sie einen Aperitif?« fragte der Kellner.

Er sah sie an. Was für wunderschöne Augen sie hat, dachte er. Ich liebe dich, sagten die Augen, aber einen Aperitif würde ich gern trinken.

Natürlich waren sie ab und zu essen gegangen. In einem netten, einfachen Lokal, wo man sich zwanglos bewegen konnte, wo man keine Krawatte brauchte. »Ich will zum Essen nicht extra einen Frack kaufen«, hatte er scherzhaft gesagt.

Sie beklagte sich nicht, wenn Theaterkarten verfielen, weil er eine dringende Besprechung hatte; wenn aus der Wochenendfahrt nichts wurde, weil der Kies für den Bungalow kam; sie wollte nur einmal ganz groß essen gehen. Kulturvoll, sagte sie. Mit dem Auto wäre es ja kein Problem gewesen. Er hätte natürlich nichts trinken können. Und ein Essen ohne Wein oder Sekt – dann verzichtete er lieber ganz. Und ohne Auto? Nein. Vielleicht hätten noch Kollegen zufällig gesehen, wie er mit der Straßenbahn fuhr, unmöglich.

»Haben Sie schon gewählt?« fragte der Ober.

Sie tippte mit dem Finger auf die Speisekarte. »Das hier, bitte!«

»Bélszinszeletek gombával és hasábburgonyavál«, sagte der Ober. »Sehr wohl.«

»Hast du eine Ahnung, was das ist?« fragte sie.

»Keine Ahnung, aber es klingt sehr gut.«

Und sie liebten sich mit den Augen.

Ach ja, wie viele Jahre hatte sich seine Frau diesen Abend gewünscht. Das Essen schmeckte vorzüglich, der Wein ließ ihre Augen glänzen. Nach dem Essen tranken sie Sekt.

Es war ein wunderschöner Abend.

Es war nur nicht seine Frau.

Ein Kellner wird ins Krankenhaus eingeliefert und muß sofort auf den Operationstisch. Da kommt ein Arzt vorbei, der schon öfter in der HO-Gaststätte gegessen hat. »Herr Doktor, helfen Sie mir«, stöhnt der Kellner. Der Arzt zuckt die Achseln: »Bedaure sehr, aber das ist nicht mein Tisch.«

8. Kapitel

Wo wir sind, ist vorn

Es geht seinen sozialistischen Gang

1967 wird der **50. Jahrestag** der Großen sozialistischen Oktoberrevolution gefeiert und die führende Rolle der Sowjetunion im **sozialistischen Weltsystem** unterstrichen. In der DDR verabschiedet man sich 1967 per Gesetzeserlaß vom Konzept der noch in der ersten Verfassung von 1949 festgehaltenen einheitlichen **deutschen Staatsbürgerschaft**. Im April 1968 wird über eine **neue Verfassung** in Form eines Volksentscheids abgestimmt. Die DDR ist darin als »sozialistischer Staat deutscher Nation« charakterisiert, und als sozialistischer Staat ist sie von Anfang an in den **Verbund der Bruderländer** integriert: wirtschaftlich im **RGW**, militärisch im **Warschauer Vertrag**. Aber es brodelt im Verbund. Mit Besorgnis werden die Reform- und Liberalisierungsbestrebungen der tschechischen Kommunistischen Partei beobachtet, die die bereits seit Anfang der 60er Jahre bedenkliche wirtschaftliche Lage im Land mit dem Schritt von der **Planwirtschaft** zur **sozialistischen Marktwirtschaft** entschärfen will. Mit dem Einmarsch von Truppen des Warschauer Vertrags in Prag im August 1968 wird das Land in den Bruderverbund zurückgeholt.

Lutz Stückrath

Schneewittchen und die sieben Ritter

Es war einmal ein Schneewittchen, das hatte die Faxen im
Märchen satt, steckte zunächst die Nase aus dem Buch der Ge-
brüder Grimm, sah sich etwas in der Gegend um und kletterte
dann in die Welt hinaus. Als rechtmäßige Erbin des Wahrheits-
spiegels fragte sie:
»Spieglein, Spieglein an der Wand,
Was ist das Schönste im ganzen Land?«
Da antwortete der Spiegel:
»Schneewittchen, Ihr seid die Schönste hier.
Aber die Varianten der Umprojektanten
werden immer schöner als Ihr!«

»Und wenn Sie hundert-
mal Schneewittchen
sind, wir können keine
Ausnahme machen!«

»Na schön«, sagte Schneewittchen leise, »ich
will sehen, ob er die Wahrheit sagt – vielleicht ist noch etwas zu retten.« Schneewittchen lief durch die Stadt, solange die Füße
noch fortkonnten, bis es bald Abend werden
wollte, da sah es ein großes Haus, in welchem viele Lichtlein leuchteten, und es wollte hineingehen. Aber ein altes Männlein, das
einen großen knurrenden Hund zu seinen
Füßen liegen hatte, sagte: »Wo woll'n Se
denn hier hin?«

»Ich will euch helfen und verbessern«, sagte Schneewittchen.
»Heute is keener mehr da!« sagte das Männlein, und nachdem
der Hund vergeblich nach einer fliegenden Fliege geschnappt
hatte, fuhr er fort: »Ick gloobe ooch nich, det Se hier wat verbessern könn. Aber wir suchen 'ne Reinemachefrau. Komm Se
man morjen noch mal her.«
Schneewittchen tat, wie ihr geheißen, und diesmal hatte sie
Glück. Man riegelte ihr die Tür auf, und Schneewittchen ging
durch sieben Korridore, vorbei an siebzig Türen, auf denen
siebenhundert Namen standen. Es waren die Namen von
vielen fleißigen Tanten, und das waren die Projektanten.
Doch Schneewittchen ging zu einem Türchen, auf welchem zu
lesen stand: »Umprojektant«, und begehrte Einlaß. »Guten
Tag«, sagte Schneewittchen. »Ich bin das Schneewittchen und
wollte …«

»Gut, gut, Kollegin«, sagte der Mann, der hinter dem Schreibtisch saß. »Ich habe mit diesem Projekt schon viel Ärger gehabt, nicht wahr. Aber wer konnte das auch vorher ahnen. Es war nicht nur meine Schuld, nicht wahr. Ich habe immer gewarnt, nicht wahr. Aber dann wurde umdisponiert, die Projektanten haben umgeplant, also was blieb mir weiter übrig, nicht wahr, ich mußte das Projekt ›Schneewittchen‹ umprojektieren.«

»Ich bin noch nicht ganz im Bilde«, sagte Schneewittchen.

»Richtig«, meinte der Mann hinter dem Schreibtisch, »das kommt noch dazu. Es paßte auch alles nicht mehr so richtig ins Bild, nicht wahr.«

Schneewittchen zog sich einen Stuhl an den Schreibtisch, setzte sich und sprach: »Guter Mann, das klingt alles recht sonderbar. Wie aber begann die Geschichte?«

»Am Anfang klappte alles märchenhaft«, sagte der Mann. »Das Schloß war da, das Häuschen, wo die sieben Zwerge angeblich gehaust haben sollen, war auch da, die Berge waren da und der Krämerladen auch.«

»Was für ein Krämerladen?« fragte Schneewittchen.

»Na, das Geschäft, wo man Schnürriemen, Kämme und auch Äpfel kaufen konnte«, sagte der Umprojektant.

»Aha«, sagte Schneewittchen und dachte: Irgendwo muß die alte Hexe ja das Zeug hergehabt haben.

»Also kurz und gut«, sagte der Mann, »das Zwergenhäuschen haben wir abgerissen und vor drei Jahren ein Ausflugslokal daraus gemacht. Aus dem Krämerladen ist mit Ach und Krach eine Andenkenbude geworden, und die Berge haben wir schön bepflanzt bzw. beforstet. Aus dem einsamen Pfad haben die Kollegen vor zwei Jahren im NAW noch eine hübsche Promenade gemacht. Tchja«, er zuckte mit den Schultern, »schade um die Arbeit. Es war alles so schön geplant.« Und böse fügte er hinzu. »Bis dieser Giftzwerg auftauchte!«

»Was für ein Giftzwerg?« fragte Schneewittchen.

»Na, der das Märchen erzählte, daß es da in den Bergen Gold geben sollte«, sagte der Umprojektant ärgerlich, und er ergänzte: »Bloß weil da früher mal ein paar Zwerge rumgepinkert haben sollen …«

»Und was geschah dann?« fragte Schneewittchen.

»Na, wir haben natürlich sofort alles umprojektiert. Man kann ja nie wissen, nicht wahr.« Und er fuhr fort: »Die Promenade haben wir eingeebnet, weil da die Fernverkehrsstraße hin

Anfrage an den Sender Jerewan: »Kann man den Aufbau des Sozialismus mit der Erschaffung der Welt vergleichen?«
Antwort: »Im Prinzip ja. Aber bei der Erschaffung der Welt war das Chaos am Anfang.«

mußte. Die Berge haben wir sauber abgeholzt und Fabriken mit rauchenden Schornsteinen errichtet. Was also sollte da noch das Ausflugslokal in dem Qualm? Wir haben umprojektiert – es kurzerhand abgerissen – und eine moderne Wartehalle daraus gemacht.« Er legte eine kleine Pause ein und überlegte. »Ja, und aus der Andenkenbude hat unser Hilfsumprojektant dann noch einen niedlichen Laden für tausend kleine Dinge errichtet.«

Schneewittchen glaubte zu träumen. Das alles sollte aus ihrer Märchenwelt geworden sein? Schüchtern fragte sie: »Und nun?«

»Und nun«, sagte der Umprojektant, »und nun hat sich herausgestellt, es gibt kein Gold! Also, was bleibt uns weiter übrig: wir müssen umprojektieren.«

»Wenn man nicht alles selber macht ...«

Schneewittchen unterbrach ihn: »Und dann bauen sie das Ausflugslokal wieder hin, stellen die Andenkenbude auf und bepflanzen die Berge?«

»Nein«, sagte der Mann höflich, aber bestimmt. »Das ist nicht Sache meiner Abteilung. Wir können nur umprojektieren, und ich weiß auch schon wie!«

»Da bin ich aber gespannt«, sagte Schneewittchen.

»Wir restaurieren jetzt das alte Schloß und machen ein hübsches Museum daraus. Die Fernverkehrsstraße wird zu einem wilden Pfad umprojektiert, über den wir eine Drahtseilbahn bis auf das Dach des neuen Museums bauen.«

Schneewittchen sprang von ihrem Stuhl auf und schrie, so laut sie konnte: »Ich will zurück in mein Märchen – zu den sieben Zwergen!«

»Richtig«, sagte der Umprojektant, »die sieben Zwerge sind ja auch noch da. Die projektieren wir natürlich sofort um. Da machen wir sieben Ritter draus.« Und ergänzend fügte er hinzu: »Die passen dann auch besser in das bauliche Bild des Schloß-Museums.«

»Nein, nein, nein!« rief Schneewittchen, »liebe Gebrüder Grimm, steht mir bei!«

Der Mann hinter dem Schreibtisch lächelte. »Die werden auch umprojektiert«, sagte er. »Zu Andersen.«

Eulenspiegeleien

Walter Ulbricht hält eine Rede im Radio. »Nu - nu - nu ...«
»Mit dem letzten Ton des Staatsratsvorsitzenden war es 13 Uhr!«

Ulrich Speitel

Kandidatenwerbung

Meister Konzock steckt bis in die Haarspitzen voller Fleiß, Energie und Gewissenhaftigkeit und hat daher mächtig was um die Ohren. Das Fließband läuft pausenlos, und hundert fleißige Hände verlangen Gehäuse und Bolzen, Nieten, Schrauben und Federn. Der Produktionsplan hält Meister Konzocks Gedanken und Beine in ständigem Schwung. Die Brigadeverpflichtung fordert, daß Meister Konzock sich um Konzert und Theater, Kurse und Schulung, sozialistisches Lernen und Leben sorgt. Fast nebenbei steht auf diesem Papier auch, daß in Meister Konzocks Bereich ein Kandidat für die Partei zu gewinnen ist. Meister Konzock weiß, die Partei ist Funke, Motor, Treibstoff und alles miteinander.

Die Zeit rückt vor, und alles geht seinen Gang. Die Produktion läuft wie ein Uhrwerk, die Brigadeverpflichtung verwandelt sich in Musik und Schauspiel, Solidaritätsmarken, Resolutionen und Facharbeiterbriefe. Am Ende weist er jedoch einen offenen Punkt auf. Der Parteikandidat fehlt.

Meister Konzock selbst ist parteilos, aber nicht der Mann, der in Plänen offene Punkte duldet. Er fühlt sich für seinen Bereich in jeder Hinsicht verantwortlich, und offene Planpunkte gehn ihm gewaltig gegen die Ehre. Was soll er tun? Hoffen und harren? Die Genossen anstoßen: soundso, und nu macht man? Meister Konzock verläßt sich nur ungern auf Zufall und andere Leute. Was zu machen geht, macht er selbst. Er nimmt im Geist die Kollegen durch und fragt sich: Wer ist Manns genug, ohne Sums und Schmus ein Kandidat der Partei zu sein?

Nachdem dies vor seinem Gewissen geklärt ist, faßt Meister Konzock, parteilos, den von ihm erwählten Parteikandidaten genauer ins Auge. Der Junggenosse erweist sich als innerlich kerngesund, aber äußerlich als ein wenig knorrig. Hier ein paar Zacken, dort eine Krümmung. Meister Konzock nimmt ihn ohne Verzug in Arbeit, hobelt ihn moralisch, auch ideologisch zurecht, feilt und poliert, gerät mitunter ins Pusten und Schwitzen und zieht in den Nächten Lenin, Marx und die Staatsratserklärung zu Rate. Die beiden kommen auf einen Nenner. Der Erfolg bringt Meister Konzock erst richtig in Fahrt. Er merkt, daß er sein ideologisches Pulver eher vermehrt als verschossen hat, brennt ein massenpolitisches Feuerwerk ab und fügt dem einen Kandidaten gleich noch zwei weitere hinzu.

Was ist der Unterschied zwischen einem Volksmärchen und einem sozialistischen Märchen?
Das Volksmärchen beginnt mit: Es war einmal ...
Das sozialistische Märchen mit: Es wird einmal ...

Tags drauf rückt er mit seiner Parteiverstärkung erst dem Direktor, dann dem Parteisekretär aufs Büro und meldet: Brigadeverpflichtung in allen Punkten hundert- und mehrprozentig
erfüllt. Der Direktor freut sich, der Parteisekretär stutzt. In
allen Punkten? Er blättert in seiner Mappe mit Aufnahmefor-
mularen. Nichts.

Meister Konzock blinzelt ein bißchen und sagt: »Hier ist der
versprochene Kandidat: einer nach Plan und zwei andre über
den Plan hinaus.«

Der Parteisekretär glaubt einen Moment an Spuken und Flun-
kern. »Werben hier neuerdings die Heinzelmännchen oder wer?«

»Nein, ich«, sagt Meister Konzock bescheiden.

Einen Moment herrscht Schweigen, Verblüffung und Ratlosig-
keit. Was hat man davon zu halten? Sind die
Kollegen der Produktion drauf aus und
wagen es, sich einen Jux mit der Leitung zu
machen?

»Meister Konzock!« Der Parteisekretär hat
nichts gegen Spaßvögel, ist auch selber kein
Kind von Traurigkeit und führt zuweilen
sogar den Humor als Produktivkraft im
Munde. Er hat aber was gegen Späße, die
ihm über die ideologische Hutschnur gehen.

»Meister Konzock«, sagt er also und faßt den
Meister ins Auge, »du bist doch parteilos?«

Da strafft sich der Meister zu ganzer Größe. »Parteilos hin, parteilos her – für meinen Bereich bin ich hundertprozentig verantwortlich. Steht in der Verpflichtung Kandidatenwerbung,
werbe ich Kandidaten. Ich hab nachgelesen – im Statut der
Partei ist nicht untersagt, daß ein Parteiloser Kandidaten für
die Partei wirbt.«

Der Parteisekretär sieht den Direktor, der Direktor den Parteisekretär an, und beide schaun Meister Konzock an wie das
Musterstück des neuen sozialistischen Menschen, das land-
auf, landab die Zeitungsspalten bevölkert. Eine Welle der Freude, der Sammlung, der Rührung. Meister Konzock wird
umarmt, gelobt und beglückwünscht.

»Moment mal!« Dem Parteisekretär fällt etwas auf.

»Und du?«

»Wieso ich?«

»Warum hast du dich denn nicht einfach selbst geworben?«

»Konnt ich doch nicht«, sagt Meister Konzock. »Das wäre der
Weg des geringsten Widerstands.«

Ernst Röhl

Dienst ist Dienst

Der Kollege Maibaum war gesund, sozial eingestellt und folglich nicht zu Unrecht Abteilungsleiter für Gesundheits- und Sozialwesen. Nach allerlei trüben Erfahrungen mit rabiaten, selbstsüchtigen Bürgerinnen und Bürgern hatte er die Wände seines Büroraums vorsichtshalber mit zwei Wandsprüchen versehen, mit Losungen für die Lenkung und Leitung sozusagen. »Hab Sonne im Herzen!« lautete die erste. In schwierigen zwischenmenschlichen Situationen genügte ein Blick darauf, und er war in der Lage, den rüden Ton zu vermeiden, den ihm die Kundschaft aufzwingen wollte. »Hexen kann ick, aba bloß janz langsam!« lautete die zweite Parole, die allzu raffgierige Personen zur Mäßigung anhalten sollte, dies jedoch nicht in jedem Fall vermochte.

Es klopfte. »Herein, wenn's kein Schneider ist!« rief in seiner humorvollen Art der Kollege Maibaum. Wer eintrat, war kein Schneider, sondern die Frau des Optikermeisters Krille (Ist's die Brille, geh zu Krille! Steuerklasse A). Eine unbequeme Angelegenheit! Diese Frau Krille hatte vor Jahresfrist einem Sohn das Leben geschenkt, in Unkenntnis der Rechte und Pflichten des frischgebacke-

»Wer ist denn nun der für mich zuständige Sachbearbeiter?«

nen Bürgers jedoch keine Auszahlungskarte für das Kindergeld ausgefüllt, sondern den Betrag am Jahresende frischfröhlich von der Steuer abgezogen. Unerhört! Weiß doch jedes Kind, daß eine derartige Handlungsweise zwar zulässig ist, jedoch nur in Verbindung mit der Auszahlungskarte. Die Karte hatte sie inzwischen beigebracht, die Verfehlung allerdings, schlimmer, die Gesetzesverletzung wäscht ja so schnell kein Regen ab.

»Die Auszahlungskarte wird zur Zeit von unserer Haupt- und Nebensachbearbeiterin geprüft«, sagte der Kollege Maibaum.

»Na, entschuldigen Sie mal, was gibt's denn da zu prüfen! Der Kinderwagen steht vor der Tür; Sie brauchen sich mein Kind doch bloß mal anzugucken ...«

»Bürgerin, so steht die Frage nicht. Muß ich denn in Beantwortung Ihrer Frage noch einmal betonen, was das Gesetz beinhaltet? Sie waren doch nun wirklich schon oft genug hier wegen der, ich möchte sagen, Lappalie.«

»Ich habe den Eindruck, der Auszahlungszettel ist Ihnen wichtiger als das Kind, Kollege Maibaum!«

»Wie soll ich das auffassen?«

»Daß Sie ein Bürokrat sind!« Der Kollege Maibaum wollte aufbrausen, doch ein Blick empor zu Parole 1 besänftigte ihn augenblicklich. »Als Mensch kann ich Sie verstehen, Frau Krille. Aber als Abteilungsleiter sage ich Ihnen: Ordnung muß sein! Nicht ich, sondern Sie selbst, Bürgerin, haben es verabsäumt, die Verordnung vom 28. Mai und die 1. Durchführungsbestimmung, Paragraph 15, zur Durchführung zu bringen. Das ist Fakt.«

»Wissen Sie eigentlich, was herzloses Verhalten ist?«

»Herzloses Verhalten und bürokratisches Herangehen bekämpfe ich auf das entschiedenste. Sie können ganz beruhigt sein«, sagte Kollege Maibaum und deutete auf seine Brust, und zwar links, wo die Brieftasche ist, »ich habe das Herz auf dem rechten Fleck. Fühlen Sie selbst!«

»Ich wüßte einen neuen Wandspruch für Sie: ›Der Bürokrat tut seine Pflicht von neun bis eins. Mehr tut er nicht!‹«

Der Kollege Maibaum holte Luft und sagte mit einem gewissen, überlegenen Lächeln: »Ihre Spitze, Bürgerin, trifft mich nicht. Meine Arbeitszeit geht nämlich von acht bis siebzehn Uhr.«

Ganz normal

Die Gäste benehmen sich wie die Schweine – sagte der Kellner. Die Kellner werden immer fauler und unverschämter – sagte der Gast. Die besten Klamotten reißen sich die Verkäuferinnen unter'n Nagel – sagte der Kunde. Die Kunden behandeln einen wie den letzten Dreck – sagte die Verkäuferin. Man ist nur noch Freiwild für die Herren Autofahrer – sprach der Fußgänger. Durch die schlafmützigen Fußgänger schwebt man dauernd in Lebensgefahr – sprach der Autofahrer. Das Publikum wird auch immer blöder – artikulierte der Schauspieler. Auf der Bühne mimen sie den Saubermann und privat sind sie völlig versumpft – flüsterte der Zuschauer. Die Jugend wird immer hemmungsloser – schrie Opa Krause. Dieser Krause, ein typischer alter Sack! – sagte der Jugendliche. Gestern sprach ein Parteiredner. Zu Kellnern, Verkäuferinnen, Kunden, Fußgängern, Jugendlichen, Autofahrern, Gaststätten- und Theaterbesuchern, Schauspielern und Opas. Der Redner sagte: »Wir sind und bleiben eine verschworene Gemeinschaft.«

Beifall. Bravorufe.

Jochen Petersdorf

Im VEB Robotron werden Mitarbeiter gesucht. Der Kaderleiter fragt den ersten Bewerber, ob er bis zehn zählen könne. »Selbstverständlich, 10, 9, 8, 7, 6, 5, 4, 3, 2, 1, 0!« – »Schön und gut, aber können Sie das auch andersherum, von 1 bis 10?« – »Nein, ich habe im Sternenstädtchen gearbeitet, da haben wir immer so gezählt.« Der Mann ist nicht geeignet, der Kaderleiter bittet den nächsten. Der antwortet auf die Frage: »Ja, 1, 3, 5, 7, 9, 10, 8, 6, 4, 2!« – »Aber können Sie nicht wie jeder von 1 bis 10 zählen?« – »Nein, ich war bei der Post, da haben wir die ungeraden Hausnummern in die eine Richtung gezählt und die geraden auf dem Rückweg ...« Auch der Mann ist nicht geeignet. Der Kaderleiter fragt den dritten Bewerber. Der sagt: »Natürlich: 1, 2, 3, 4, 5, 6, 7, 8, 9, 10.« – »Phantastisch. Wo haben Sie denn vorher gearbeitet?« – »Bei der Reichsbahn.« – »Sehr gut, da können Sie auch noch weiter als bis 10 zählen?« – »Na sicher: Bube, Dame, König, As!«

Ralph Wiener

Das Wesentliche

»Nur eine Frage«, hatte man zu dem bekannten Schauspieler X gesagt, und X hatte bereitwillig geantwortet.

»Sehen Sie«, deklamierte er und warf sich in Pose, »ich habe vor zwei Monaten mein vierzigjähriges Bühnenjubiläum begehen können. Da hat man einen Blick für das Wesentliche. Bereits am Anfang meiner Laufbahn spielte ich den Diener im na, ist ja auch egal. Auf alle Fälle war es ein durchschlagender Erfolg. Ich habe dann in Shakespeares ›Maß für Maß‹ die außerordentlich schwierige Rolle …«

»Entschuldigen Sie«, unterbrach der Reporter.

»Bitte, bitte!« nickte der Mime gönnerhaft. »Sie können ja nicht wissen, wie schwer es damals für uns war. Aber um einmal auf das Wesentliche zurückzukommen: Mein zutiefst humanistisches Anliegen war schon immer die Verkörperung progressiver Gestalten. Nehmen wir nur einmal ›Egmont‹. Den habe ich im Jahre 1929 auf einem Abstecher nach Krülpa gespielt. Ohne mir zu schmeicheln: Man hat noch nach drei Tagen davon gesprochen. Meine weiteren Stationen waren Hamlet, Faust, Direktor Striese …«

»Wenn ich Sie recht verstehe«, wandte der Reporter ein, »wollen Sie damit sagen …«

»Genau!« trumpfte der Tragöde auf. »Das Wesentliche ist der Blick nach vorn, in die Zukunft gewissermaßen. Sehen Sie, als ich seinerzeit meinen unnachahmlichen König Lear auf die Bretter stellte, schrieb die Kritik einhellig« – hier zog X einen vergilbten Zeitungsausschnitt aus der Tasche – »›es war ein Erlebnis besonderer Art!‹ Bitte, lesen Sie selbst: ›Besonderer Art!‹ Das sagt alles.«

»Gewiß«, nickte der Reporter.

»Und wenn ich Sie vielleicht an meinen Lasso erinnern darf«, fuhr X fort, »es war sozusagen die Krönung meiner Laufbahn. Vierunddreißig Vorhänge, siebzehn Blumenkörbe, ein Händedruck vom Dichter – symbolisch gemeint – und Glückwünsche über Glückwünsche. Meine Kollegen platzten vor Neid. Ich ging dann nach Cottbus. Das heißt, eigentlich sollte ich damals ans Deutsche Theater, aber in Cottbus hatte ich – nun ja, eine entfernte Nichte von mir wohnte dort. In Cottbus errang ich dann mit der Darstellung des Coriolan einen triumphalen …«

»Erfolg«, vollendete der Reporter, da dem kränzeflechtenden

Anfrage an den Sender Jerewan: »Stimmt es, daß unsere Armee von den Tschechen zur Hilfe gerufen wurde?«
Antwort: »Im Prinzip ja, das Gesuch aus dem Jahre 1939 wurde 1968 positiv beantwortet.«

Mimen das Wort nicht einfiel, weil er in Gedanken bereits die letzte Etappe seiner Karriere beschritten hatte.

»Sehen Sie, ich habe vierzig Jahre lang immer das Wesentliche im Auge gehabt, und mein humanistisches Anliegen als Künstler ist besonders jetzt, da ich mich auf die Rolle des Attinghausen vorbereite, die ich übrigens – das möchte ich betonen – auf meine ganz eigene Art anlege, obwohl ich den Attinghausen bereits 1932 in einer beachtlichen Stendaler Aufführung ...«

Pressenotiz am nächsten Tage: »Der bekannte Schauspieler X wurde gestern befragt, worin er das Wesentliche der Aktion Schrittmacher-Mitmacher erblicke. In einem längeren Interview bestätigte er seine völlige Übereinstimmung mit der Meinung unserer Werktätigen.«

Massenarbeit

»Ich habe das Werkleitungskollektiv zusammengerufen, um mit aller Schärfe auf den Ernst der Lage hinzuweisen. Wir haben den Plan des Vorjahres nicht erfüllt. Und das hat die VVB nicht ruhen lassen.« Der Werkleiter nahm einen Schluck aus der Tasse und räusperte sich.

»Das wurde in der Belegschaftsversammlung schon angedeutet«, bemerkte der BGL-Vorsitzende schüchtern.

»Ich weiß, ich weiß ... Vielleicht genügt das nicht.«

»Schon richtig, Kollege. Was sollen wir auf die Schnelle tun?«

»Mit den Arbeitern sprechen. Rationalisieren.«

»Wer war eigentlich für die Beschaffung des Tisches verantwortlich?«

»Typisch Gewerkschaft. Also beschließe ich und beauftrage den Leiter der Abteilung Arbeit, mir bis übermorgen eine Konzeption über Methoden der Information und Überzeugung der Massen zu den besprochenen Problemen auszuarbeiten.«

Bereits gegen Mittag des folgenden Tages stand der Leiter der Abteilung Arbeit im Zimmer des Werkleiters. Ein Lächeln umspielte seinen Mund. »Ich habe bereits alles selbst erledigt.«

»Was haben Sie erledigt?«

»Ich habe die Massen überzeugt. Und wer's dann noch nicht weiß, ist selber schuld.«

»Wie haben Sie das so schnell gemacht?«

»Na, heute wird doch gezahlt. Da habe ich einfach ein noch gestern angefertigtes Merkblatt über die Rationalisierung in jede Lohntüte stecken lassen.«

Hans-Werner Tzschichhold

Zeittafel

1967

Gaby Seyfert

8.-13. Januar	Gastspiel der Dresdner Philharmonie in der Vereinigten Arabischen Republik und im Libanon.
14. Januar - 5. Februar	Festwochen anläßlich des 300jährigen Bestehens des Dresdner Staatstheaters.
1.-5. Februar	Gabriele Seyfert wird Europameisterin bei der EM im Eiskunstlauf in Ljubljana (SFRJ), Bronze im Paarlauf für Heidemarie Steiner und Heinz Ulrich Walter.
2. Februar	Das »Staatssekretariat für gesamtdeutsche Fragen« wird in »Staatssekretariat für westdeutsche Fragen« umbenannt.
8.-12. Februar	Außenministertagung der Warschauer Vertragsstaaten in Warschau. Die Anerkennung der Oder-Neiße-Grenze wird zur Voraussetzung der Aufnahme diplomatischer Beziehungen gemacht.

> Mao Tse-tung will die Oder-Neiße-Grenze anerkennen.
> Als Westgrenze des Chinesischen Reichs.

8.-12. Februar	Bei internationalen Skiwettkämpfen in Grenoble gewinnt Ralph Pöhland in der Nordischen Kombination.
10. Februar	DEFA-Filmpremiere »Das Tal der sieben Monde« nach dem gleichnamigen Roman von Harry Thürk.
11. Februar	Erster 10-km-Massenskilauf in Schmiedefeld mit 650 Teilnehmern.
18.-19. Februar	Bei den WM im Rennschlittensport in Hammarstrand in Schweden gewinnen Ortrun Enderlein, Thomas Köhler und das Doppel Thomas Köhler/Klaus Bonsack alle Titel.
19. Februar	Laut Umfrage des »Neuen Deutschland« unter 2000 Werktätigen rechnen 68% Fernsehen zu ihrer beliebtesten Freizeitbeschäftigung, gefolgt von Spazierengehen (50%), Hausarbeit (49%), Lesen (47%) und Sport (9%).
20. Februar	Die Volkskammer der DDR verabschiedet das »Gesetz über die Staatsbürgerschaft der Deutschen Demokratischen Republik« und proklamiert eine eigene DDR-Staatsnation.
3. März	DEFA-Filmpremiere »Ein Lord am Alexanderplatz«, eine Komödie um einen Heiratsschwindler mit Erwin Geschonneck.
31. März	Beschluß der »Zehn Grundsätze der sozialistischen Jugendpolitik und ihre Verwirklichung«.
1.-2. April	Karl-Heinz Werner siegt im Halbmittelgewicht bei den Junioren-EM im Judo in Lissabon.

Das DDR-Fernsehen sendet drei Sorten von Nachrichten: wahre, wahrscheinliche und unwahrscheinliche.
Zur ersten Kategorie gehört die Zeitansage, zur zweiten die Wettervorhersage. Der Rest gehört zur dritten Kategorie.

12. April	Bundeskanzler Kiesinger weist in einer Regierungserklärung auf Möglichkeiten zur Entspannung des deutsch-deutschen Verhältnisses hin. Die DDR-Regierung erklärt ihre Bereitschaft zu gleichberechtigten Verhandlungen.
13. April	Manfred Karge und Matthias Langhoff bringen das Brecht-Fragment »Der Brotladen« zur Uraufführung.
17. April	Grundsteinlegung für das Heizkraftwerk Winzerla.
17.-22. April	Der VII. Parteitag der SED legt die »Aufgaben für die Gestaltung des entwickelten gesellschaftlichen Systems« fest.

In der DDR gibt es keine Arbeitslosen. Jeder hat Arbeit, trotzdem arbeitet keiner. Obwohl keiner arbeitet, erfüllen wir die Pläne. Obwohl wir die Pläne erfüllen, gibt es nicht alles. Obwohl es nicht alles gibt, haben die Leute alles. Obwohl die Leute alles haben, meckern sie. Obwohl alle meckern, sind alle zufrieden. Und warum sind sie zufrieden? Weil es in der DDR keine Arbeitslosen gibt.

3. Mai	Der Ministerrat beschließt die allgemeine Einführung der Fünf-Tage-Woche ab 28.8. und die Herabsetzung der wöchentlichen Arbeitszeit auf 43 3/4 Stunden, der Mindesturlaub auf 15 Tage erhöht, die Mindestrente auf 150 Mark angehoben und das Kindergeld bis zur wirtschaftlichen Selbständigkeit des Kindes gewährleistet.

Der Antrag von Werktätigen auf Einführung der 35-Stunden-Woche wurde durch die Gewerkschaft abgelehnt. Begründung: Dann würden unseren Werktätigen 5 Stunden Schlaf pro Woche fehlen.

13./14. Mai	Pfingsttreffen der FDJ in Karl-Marx-Stadt.
13.-15. Mai	Sängertreffen auf der Wartburg. 60 Chöre nehmen teil.
14. Mai	DEFA-Filmpremiere »Hochzeitsnacht im Regen« mit Frank Schöbel.
14. Mai	Der Tauchsportklub der DDR wird in Rom als Mitglied in die Weltföderation des Tauchsports aufgenommen.
27. Mai	Der vom Parteitag angekündigte »Perspektivplan 1964-1970« wird verspätet vorgelegt. Schwerpunkte sind Petrolchemie, elektronische Datenverarbeitung, Städtebau und die Zusammenarbeit mit dem Rat für gegenseitige Wirtschaftshilfe.
24. Juni	DEFA-Filmpremiere »Meine Freundin Sibylle« nach Rudi Strahl.
25. Juni	Ein neuer Indianerfilm mit Gojko Mitić hat Premiere: »Chingachgook, die große Schlange.«
2. Juli	Wahlen zur 5. Volkskammer, Konstituierung der neuen Regierung am 13. und 14. Juli. Umbenennung des »Ministeriums für Außenhandel und Innerdeutschen Handel« in »Ministerium für Außenwirtschaft«.

»Genossen, es gibt kein Fleisch, wir bekommen keine Lieferung. Wie können wir das den Leuten klarmachen?« – »Nichts leichter als das«, sagt ein anderer Genosse und wendet sich an die schlangestehende Menge: »Bürger, unsere Erfolge nehmen ständig zu. Der Sozialismus entwickelt sich so schnell, daß das Vieh nicht mehr mitkommt.«

Rudi Strahl

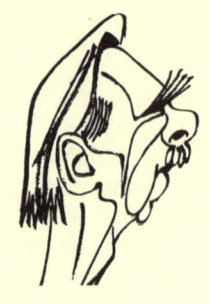

Otto Nagel

Kurt Maetzig

Ulbricht in der Gemäldegalerie.
»Herrlich, ja herrlich dieser van Gogh.«
»Nein, Genosse Ulbricht, das ist ein Rembrandt.«
»Ja, herrlich, ja diese Bergzicke hier.«
»Genosse Ulbricht, das ist ein Spiegel.«

6. Juli	In Langenweddingen bei Magdeburg prallt ein Tanklaster auf einen Zug mit Ferienkindern. 94 Tote, darunter 44 Kinder.
8. Juli	Der Maler Otto Nagel erhält den Käthe-Kollwitz-Preis. Schwerkrank stirbt er am 12. Juli.
21. Juli	Die Alpinisten Fritz Eske, Günter Kalkbrenner, Günter Warmuth und Kurt Richter verunglücken tödlich bei ihrem Versuch, die Eigernordwand zu durchsteigen.
18. August	In Berlin findet ein Prozeß gegen 37 Fluchthelfer statt, sie werden zu langen Haftstrafen verurteilt.

Ein Volkspolizist ist nach Bautzen versetzt worden und soll politische Häftlinge bewachen. »Denken Sie denn, daß Sie das können?« fragt der Gefängnisdirektor. »Na selbstverständlich, wer nicht spurt, fliegt raus.«

18.-20. August	Ingrid Krämer gewinnt das Kunstspringen beim III. Europapokal in Helsinki.
14. September	Verordnung zur »Lenkung des Wohnraumes« vor dem Hintergrund der Wohnungsknappheit.
18. September	Heiner Müllers Dramatisierung von Reeds »Zehn Tage, die die Welt erschütterten« hat im BUNA-Kulturhaus Halle Premiere, Regie Christoph Schroth.
21. September	Roland Matthes schwimmt in Leipzig über 100 m Rücken Weltrekordzeit.
24.-29. September	Erste Werkstattwoche der FDJ-Singeklubs, Teilnahme von 16 Singegruppen.
1. Oktober	Eröffnung der VI. Kunstausstellung der DDR im Dresdner Albertinum (bis 4.2.68) mit mehr als 250 000 Besuchern.
2. Oktober	Uraufführung des Balletts »Ballade vom Glück« von Kurt Schwaen an der Berliner Staatsoper.
8. Oktober	Startschuß zur »Lauf dich gesund«-Bewegung in Zwickau.
13.-15. Oktober	Zentrales Fest der Freundschaft zum 50. Jahrestag der Großen Sozialistischen Oktoberrevolution.
14. Oktober	Uraufführung »Meer der Stürme« von Paul Dessau.
15. Oktober	Auf Einladung des Deutschen Gewerkschaftsbundes gastiert das Berliner Ensemble erstmals in West-Berlin mit Brechts »Aufhaltsamen Aufstieg des Arturo Ui«.
20. Oktober	Ministerratsbeschluß über die Bildung von Kultur- und Sozialfonds ab Januar 1968.
25. Oktober	DEFA-Filmpremiere »Die Fahne von Kriwoj Rog« nach dem Roman von Otto Gotsche in der Regie von Kurt Maetzig.
29. Oktober	In Ost-Berlin findet die bisher größte gemeinsame Truppenparade von DDR- und sowjetischem Militär anläßlich des 50. Jahrestages der russischen Oktoberrevolution statt.

3. November   DEFA-Kinderfilmpremiere »Turlis Abenteuer«.

5. November   Uraufführung von Siegfried Matthus' Oper »Der letzte Schuß« an der Komischen Oper Berlin.

7. November   Die Volksbuchhandlungen »Das sowjetische Buch« in Leipzig und Berlin werden eröffnet.

1. Dezember   Umbenennung der Währung von »Mark der Deutschen Notenbank« in »Mark der Deutschen Demokratischen Republik«.

> Ein Mann geht in Dresden in die Bank. Er hat 100 Mark, will ein Konto anlegen, ist aber mißtrauisch. »Was ist, wenn die Bank pleite macht?« fragt er den Mann am Schalter. »Die Bankdirektion garantiert, daß Sie Ihr Geld zurückbekommen.« – »Was ist, wenn die Bankdirektion pleite macht?« – »Dann garantiert das Finanzministerium die Rückgabe.« – »Und wenn das Finanzministerium pleite macht?« – »Dann garantiert die Regierung der DDR für Ihr Geld.« – »Und was ist, wenn die Regierung pleite geht?« – »Na, das wird Ihnen doch wohl 100 Mark wert sein.«

1. Dezember   Die Volkskammer beschließt, eine neue sozialistische Verfassung der DDR auszuarbeiten.

7. Dezember   Festveranstaltung zum 100. Jahrestag der Gründung von Reclams Universalbibliothek in Leipzig.

11. Dezember   Eröffnung des DDR-Kulturzentrums in Stockholm.

16./17. Dezember Erneut hat der DFF Fallada verfilmt: Es läuft der Zweiteiler »Kleiner Mann – was nun?« mit Arno Wyzniewski und Jutta Hoffmann.

22. Dezember   DEFA-Kinderfilmpremiere »Der tapfere Schulschwänzer«, Drehbuch: Wera und Claus Küchenmeister.

1967 verlassen 19 573 DDR-Bürger das Land.

Oberliga-Plazierung 1967

1. FC Karl-Marx-Stadt
2. 1. FC Lok Leipzig
3. Motor Zwickau
4. SG Dynamo Dresden
5. FC Carl Zeiss Jena
6. 1. FC Union Berlin
7. Lok Stendal
8. FC Vorwärts Berlin
9. Wismut Aue
10. FC Hansa Rostock
11. Hallescher FC Chemie
12. Chemie Leipzig
13. BFC Dynamo
14. Wismut Gera

Sportler des Jahres:

Roland Matthes (Schwimmen)

Karin Janz (Turnen)

Trophy-Motorrad-Team

Torschützenkönig der Oberliga:

Hartmut Rentzsch von der BSG Motor Zwickau mit 17 Treffern

Fernsehlieblinge:

Hans Jacobus
Karl-Eduard v. Schnitzler
Larissa Lushina
Otto Mellies
Karl-Georg Egel
Wolfgang Ullrich
Das Sandmännchen
Heinz Florian Oertel
Hans-Georg Ponesky
Erika Radtke
Klaus Feldmann
Irmgard Düren

neue Bücher:

Günter Kunert
»Im Namen der Hüte«

Anna Seghers
»Das wirkliche Blau«

Erwin Strittmatter
»Schulzenhofer Kramkalender«

Harry Thürk
»Der Tod und der Regen«

Ottokar Domma
»Der brave Schüler Ottokar«

große Hits:

»Lieb mich so, wie dein Herz es mag«
Chris Doerk und Frank Schöbel

»Ich hab ihr ins Gesicht gesehn«
Th. Natschinski & Gruppe

»Der Minirock«
Horst und Benno

»Erste Nacht am Meer«
Regina Thoss

»Es ist nie zu spät«
Klaus Sommer

1968

Jaecki Schwarz

Horst Drinda

12. Januar	Die Volkskammer beschließt ein neues Strafgesetzbuch und eine neue Strafprozeßordnung, die am 1.7.1968 in Kraft treten. Das Strafrecht sieht differenzierte Strafen, abhängig vom Grade der »Gesellschaftsgefährlichkeit« und der persönlichen Einstellung zum sozialistischen Staat vor.

Was ist die Höchststrafe in der DDR?
Drei Jahre ohne Beziehungen.

14. Januar	Walter Ulbricht hält die Rede »Unser guter Weg zur sozialistischen Menschengemeinschaft«.
1. Februar	DEFA-Filmpremiere »Ich war neunzehn« von Konrad Wolf mit Jaecki Schwarz in der Hauptrolle.
6.-18. Feburar	Bei den X. Olympischen Winterspielen in Grenoble treten zwei deutsche Mannschaften an. Eine Gold-, zwei Silber- und zwei Bronzemedaillen für die DDR.
26. Februar - 5. März	In Budapest findet ein Konsultativtreffen von 64 kommunistischen Parteien und Arbeiterparteien statt. Die DDR-Delegation wird von Erich Honecker geleitet.
1. März	Erstes Hallensportfest in der Leichtathletik für Hörgeschädigte in der Berliner Dynamo-Sporthalle.
6. März	Die erste Folge des vierteiligen Fernsehfilms »Wolf unter Wölfen« wird im ZDF ausgestrahlt. Der Film ist die erste DDR-Produktion, die vom bundesdeutschen Fernsehen gesendet wird.
17. März	Beginn der Ausstrahlung des Fünfteilers »Ich – Axel Cäsar Springer« mit Horst Drinda im DFF.
6. April	Erster Volksentscheid in der Geschichte der DDR, Abstimmung über eine sozialistische Verfassung. 94,49 % Ja-Stimmen. Die Verfassung, in der die DDR als »sozialistischer Staat deutscher Nation« charakterisiert wird, tritt am 9.4. in Kraft.

»Welcher Tag ist heute?« – »Der 6. Japril.«

Was sind die vier
Hauptschwierigkeiten beim Aufbau des
Sozialismus?
Frühling, Sommer,
Herbst und Winter.

26. April	Uraufführung des Stücks »Die Aula« nach dem Roman von Hermann Kant am Landestheater Halle, Regie Horst Schönemann.
9.-24. Mai	Axel Peschel gewinnt in der Einzelwertung bei der XXI. Friedensfahrt.
30. Mai	Sprengung der Universitätskirche in Leipzig, die einem neu zu errichtenden Gebäudekomplex der Karl-Marx-Universität weichen muß. Viele Leipziger protestieren.
31. Mai	Sowjetische Truppen rücken zu Stabsmanövern in die Tschechoslowakei ein.

10./11. Juni	Die Volkskammer beschließt die Einführung der Paß- und Visapflicht im Reise- und Transitverkehr zwischen der Bundesrepublik Deutschland und West-Berlin.
13.-15. Juni	Auf dem 10. Deutschen Bauernkongreß der DDR wird über die Forderung des VII. Parteitages der SED nach dem Übergang zu industrieller Organisation und Leitung in der Landwirtschaft beraten.
20. Juni	Erhöhung des Mindestumtausches für westliche DDR-Besucher auf 10 DM pro Person und Tag.
21. Juni	DEFA-Filmpremiere »Heißer Sommer« mit Frank Schöbel und Chris Doerk.
22.-29. Juni	VII. Sommerfilmtage in Rostock: DEFA-Filmpremiere »Schüsse unterm Galgen« und DEFA-Indianerfilmpremiere »Spur des Falken«.
29. Juni	Der erste Containerzug fährt auf der Strecke Dresden-Berlin-Rostock.
1. Juli	Beitritt der DDR zum Atomwaffensperrvertrag.
1. Juli	Eine freiwillige Versicherung auf Zusatzrente wird angeboten. Die Beiträge liegen zwischen 10 und 200 Mark monatlich. Mindestrente derzeit: 165 Mark.
8. Juli	In Warnemünde eröffnet im Rahmen der Ostseewoche die Gaststätte »Teepott«. Der markante Bau des Architekten Ulrich Müther wird zum Wahrzeichen des Urlaubsorts. Walter Ulbricht zählt zu den ersten Besuchern.
14./15. Juli	Partei- und Regierungsvertreter der UdSSR, der DDR, Polens, Ungarns und Bulgariens beraten in Warschau über die politische Entwicklung in der Tschechoslowakei.
12. August	Eine Delegation des Zentralkomitees (ZK) der SED unter Leitung Walter Ulbrichts trifft sich mit dem ZK der tschechoslowakischen KP unter Leitung von Alexander Dubcek in Karlsbad.
14. August	Roland Matthes schwimmt über 200 m Rücken Weltrekord.
21. August	Truppen des Warschauer Vertrages besetzen die CSSR. NVA-Einheiten sind nicht beteiligt. Damit wird der Prager Frühling gewaltsam beendet. Das ZK der SED verkündet einen »Aufruf an alle Bürgerinnen und Bürger der DDR« zur »Sicherung der sozialistischen Entwicklung in der CSSR«.

Warum durfte ein DDR-Bürger nicht gemeinsam mit einem Bundesbürger Alkohol trinken? Weil sie dann beide die gleiche Fahne gehabt hätten.

Chris Doerk

Roland Matthes

Ein Amerikaner und ein Russe unterhalten sich. Der Amerikaner gibt an: »Die Einkäufe macht meine Frau mit dem Ford, in die Oper fahren wir mit dem Cadillac, und wenn wir unsere Freunde besuchen, nehmen wir das Flugzeug.« Daraufhin der Russe: »Die Einkäufe macht meine Frau zu Fuß, in die Oper fahren wir mit dem Traktor, und unsere Freunde besuchen wir mit dem Panzer!«

Helmut Sakowski

Monika Hauff & Klaus-Dieter Henkler

22. August	Das »Konsument«-Warenhaus »Am Brühl« in Leipzig öffnet nach dreijähriger Umbauphase wieder. Es ist jetzt das größte und modernste Kaufhaus der DDR.
26. August	In Moskau enden die Verhandlungen zwischen der sowjetischen und der tschechoslowakischen Führung mit der Unterzeichnung des »Moskauer Protokolls«.
22. September	Fernsehpremiere des Fünfteilers »Wege übers Land« von Helmut Sakowski mit Manfred Krug und Ursula Karusseit.
22. September	In der Bundesrepublik wird nach dem Verbot der KPD im Jahr 1956 mit der »Deutschen Kommunistischen Partei« (DKP) wieder eine kommunistische Partei zugelassen.
6. Oktober	Der Schauspieler Wolf Kaiser erhält den Nationalpreis für seine Darstellung des Meister Falk in Benito Wogatzkis Fernsehspielen »Die Geduld der Kühnen« und »Zeit ist Glück«.
10. Oktober	DEFA-Filmpremiere »Abschied« nach dem Roman von Johannes R. Becher.
12. Oktober	Beschluß des IOC in Mexiko-City, die DDR-Olympiamannschaft ab 1. November als völlig gleichberechtigt anzuerkennen (mit eigener Flagge, Symbolik, Hymne). Das Nationale Olympische Komitee (NOK) der DDR wird als gleichberechtigtes Mitglied in das Internationale Olympische Komitee (IOC) aufgenommen.
12.-27. Oktober	Olympische Spiele 1968 in Mexico City. Es nehmen zwei deutsche Mannschaften an den Spielen teil, noch unter gemeinsamer Flagge. Weltrekord für Kugelstoßerin Margitta Gummel und Schwimmer Roland Matthes über 100 m Rücken. Manfred Wolke wird Sieger im Weltergewicht. Je neun Gold- und Silber- und sieben Bronzemedaillen.
15. Oktober	Das Duo Hauff-Henkler tritt in Mexico City während der Olympischen Spiele auf.
28. Oktober	Willy Brandt erklärt die Bereitschaft, von der Existenz der DDR als eines zweiten deutschen Staates auszugehen und der Regierung der DDR auf gleichberechtigter Basis zu begegnen.

US-Präsident Johnson, Breshnew und Ulbricht essen Abendbrot in einem Schweizer Hotel. Johnson bestellt beim Kellner eine Wurstplatte. »Sehr wohl«, sagt der Kellner, »ich erlaube mir aber zu bemerken, in der Schweiz sagt man Wurstplättli.«
Breshnew bestellt anschließend eine Schinkenplatte. Der Kellner bemerkt höflich, daß es in der Schweiz Schinkenplättli heißt.
Ulbricht will klug sein und bestellt ein Käseplättli.
»Tut mir leid«, sagt der Kellner, »das Neue Deutschland führen wir nicht.«

12. November	Der sowjetische Parteichef Leonid Breshnew erklärt die beschränkte Souveränität der sozialistischen Staaten im Falle einer Bedrohung für das sozialistische Weltsystem, auch Breshnew-Doktrin genannt.
14. November	DEFA-Filmpremiere »Die Toten bleiben jung« nach Anna Seghers' Roman mit Kurt Böwe und Barbara Dittus.
21. November	DEFA-Filmpremiere »Hauptmann Florian von der Mühle« mit Manfred Krug, Rolf Herricht, Regina Beyer.
23. November	Die Dauerleistungskuh Bojarin wird geboren.
26. November	Der Schriftsteller Arnold Zweig, Ehrenpräsident der Deutschen Akademie der Künste der DDR, stirbt.
1. Dezember	Das Genthiner Waschmittelwerk präsentiert ein neues Vollwaschmittel: Spee.

Oberliga-Plazierung 1968

1. FC Carl-Zeiss Jena
2. FC Hansa Rostock
3. 1. FC Magdeburg
4. FC Vorwärts Berlin
5. 1. FC Lokomotive Leipzig
6. FC Karl-Marx-Stadt
7. BSG Sachsenring Zwickau
8. 1. FC Union Berlin
9. FC Rot-Weiß Erfurt
10. Hallescher FC Chemie
11. BSG Wismut Aue
12. BSG Chemie Leipzig
13. SG Dymano Dresden
14. BSG Lokomotive Stendal

> Ein Mann betritt eine Eisenwarenhandlung. Er fragt: »Ham Se Nägel?« Der Verkäufer: »Nee.« – »Ham Se Schrauben?« – »Nee.« – »Ham Se wenigstens 'n Schraubenzieher?« – »Nee.« – »Na was ham Se denn dann überhaupt?« – »Durchgehend geöffnet.« – »Und warum ham Se durchgehend geöffnet, wenn Se doch nischt verkoofen?« – »Weil wir kein Schloß haben.«

6. Dezember	Neue Vereinbarungen für den Interzonenhandel bis 1975.
12. Dezember	Premiere der »Faust«-Inszenierung von Adolf Dresen/Wolfgang Heinz am Deutschen Theater. Fred Düren als Faust. Publikum und internationale Kritik jubeln, der Kulturminister verlangt Änderungen. Die Regisseure ändern, um ein Verbot zu verhindern, W. Heinz tritt als Intendant zurück.

1968 verlassen 16 036 DDR-Bürger das Land

Sportler des Jahres:

Roland Matthes (Schwimmen)

Margitta Gummel (Leichathletik)

Männer des Vierers ohne Steuermann (Rudern)

Torschützenkönig der Oberliga:

Gerd Kostmann vom FC Hansa Rostock mit 15 Treffern

Fernsehlieblinge:

Ursula Karusseit
Erika Radtke
Klaus Feldmann
Günter Herlt
Hans Jacobus
Manfred Krug
Otto Mellies
Heinz Florian Oertel
Hans-Georg Ponesky
Helmut Sakowski
Karl-Eduard v. Schnitzler
Kollektiv Prof. Flimmrich

neue Bücher:

Günter de Bruyn »Buridans Esel«

Werner Heiduczek »Abschied von den Engeln«

Irmtraud Morgner »Hochzeit in Konstantinopel«

Anna Seghers »Das Vertrauen«

Alfred Wellm »Pause für Wanzka«

Christa Wolf »Nachdenken über Christa T.«

große Hits:

»Verzeih den Kuß« Frank Schöbel

»Süß war der Apfel« Andreas Holm

»Blau ist die Nacht« Michaelis-Chor

»Nein, nein, nein, es lohnt sich nicht« Sonja Schmidt

»Männertreu« Ruth Brandin

»Männer, die noch keine sind« Chris Doerk

Nachweise

Die Karikaturen stammen von
Heinz Behling: 23, 28, 35, 59 u., 63, 81
Manfred Bofinger: 33
Henry Büttner: 73, 119
Peter Dittrich: 19, 30 u., 32, 58, 77 u.
Heinz Jankofsky: 106
Kurt Klamann: 14, 47
Harald Kretzschmar: 42, 43, 120, 121, 122, 124, 125, 126
Willy Moese: 61
Lothar Otto: 15, 48, 89, 103, 115
Harri Parschau: 11, 20, 30 o., 40, 50, 53, 64, 71, 77 l., 90, 91 u., 102, 105, 112, 113, 116
Paul Pribbernow: 18
Louis Rauwolf: 12, 31, 36, 39, 44, 59 l., 66, 79, 93, 94, 95, 96, 110
Horst Schrade: 60, 77 o., 91 o., 100
Karl Schrader: 8, 46, 49, 57, 65, 68, 91 m., 99
Carl Sturtzkopf: 59 o.
Georg Wilke: 82

Fotos:
Klaus Winkler: 41, DEFA-Stiftung/Herbert Kroiss: 85

Für die freundliche Genehmigung zum Abdruck danken wir den Autoren, Zeichnern und Erben. Nicht in allen Fällen ist es uns gelungen, Rechteinhaber und Rechtsnachfolger zu ermitteln. Berechtigte Honoraransprüche bleiben gewahrt.

ISBN 978-3-359-02236-7

© 2009 Eulenspiegel Verlag, Berlin
Umschlaggestaltung: Buchgut, Berlin, unter Verwendung eines Motivs von picture alliance/ZB
Druck und Bindung: Salzland Druck, Staßfurt

Ein Verlagsverzeichnis schicken wir Ihnen gern:
Eulenspiegel · Das Neue Berlin Verlagsgesellschaft mbH & Co. KG
Neue Grünstr. 18, 10179 Berlin
Tel. 01805/30 99 99
(0,14 €/Min., Mobil abweichend)

Die Bücher des Eulenspiegel Verlags
erscheinen in der Eulenspiegel Verlagsgruppe.
www.eulenspiegel-verlag.de